EU에서 한반도의 미래를 찾다

유럽 통합 사례로 살펴본
한반도 경제통합의 길

EU에서 한반도의 미래를 찾다
유럽 통합 사례로 살펴본 한반도 경제통합의 길

ⓒ 통일교육원, 윤성욱, 안병억, 김유정 2022

초판 1쇄 | 2022년 2월 15일 발행

만든 사람들
기획편집 | 배소라
책임편집 | 이형진
디자인 | 올디자인
마케팅 | 김성현 김규리
인쇄 | 천광인쇄사

펴낸이 | 김현종
펴낸곳 | (주)메디치미디어
경영지원 | 전선정 김유라
등록일 | 2008년 8월 20일 제300-2008-76호
주소 | 서울시 중구 중림로 7길 4, 3층
전화 | 02-735-3308
팩스 | 02-735-3309
이메일 | medici@medicimedia.co.kr
페이스북 | facebook.com/medicimedia
인스타그램 | @medicimedia
홈페이지 | www.medicimedia.co.kr

ISBN | 979-11-5706-251-5 (03340)

EUROPEAN
INTEGRATION

EU에서 한반도의 미래를 찾다

유럽 통합 사례로 살펴본
한반도 경제통합의 길

윤성욱 안병억 김유정 지음

메디치

선구자 先驅者는 사전적 의미로 '앞서 달리는 사람'을 뜻한다. 우리 민족과 한반도 평화의 선구자는 누구라고 할 수 있을까. 독립, 호국, 민주화, 통일을 위해 노력하신 분들, 그리고 이름을 드러내지는 않았지만 각자의 분야에서 평화의 토대를 쌓아 올리기 위해 힘쓴 분들이라 할 수 있다. 이들은 모두 통합의 선구자이다.

통합의 길로 나아가기 위한 인류의 노력은 현재 진행형이다. 그 중에서도 전쟁과 분단, 갈등과 반목의 역사를 가지고 있는 한반도는 지금 이 순간에도 평화를 위한 노력을 기울이고 있다. 그런데도 우리가 목두하고 있는 분단 지속의 연유는 어디에서 찾아야 하며, 또 어떻게 해결할 수 있을까.

우리의 대북정책은 민족의 공동 번영과 평화 공존이라는 일상의 공동체를 만들어가는 여정에 있다. 그 길은 '어느 한쪽이 옳다, 또는 그르다'라고 판단할 수 없는, 분열을 통합으로 만들어가는 과정이다. 한반도 평화의 '좌표와 나침반'은 과정으로서의 통일·통합에 대한 진지한 성찰로부터 시작된다. 이것은 평화와 통합의 길로 나아가는 출발점이다.

이제는 '시작'을 위한 새로운 논의를 이끌어내야 한다. 이 책은 그 '시작'으로 EU의 통합 사례를 통해 한반도에서의 경제통합과 평화 구축의 길을 모색하고 있다. 유럽의 통합 사례는 '시작'과 '통합'의 의미를 지니는 정치적인 사건이다. 시간적 측면에서 유럽의 경제통합은 통합을 궁극적으로 실현하기 위한 근원적인 시작principium이며, 정치적 측면에서는 통합을 위한 상대적인 시작initium이다.

유럽은 석탄철강공동체ECSC를 시작으로 시장과 화폐를 통합하고, 더 나아가 공동의 경제벨트를 구축하였기 때문에 연합이 가능하였다. 기능주의 통합이론가 데이비드 미트라니David Mitrany는 "평화는 국가들의 조약이나 협정에 서명하여 달성되는 것이 아니라, 함께 협력하고 시장을 만들어갈 때 이루어질 수 있다"고 주장한다. 이러한 명제에 입각한다면 유럽과 같은 하나 된 경제 공동체를 한반도에서 실현할 수 있지 않을까.

유럽은 경제통합을 실현함으로써 인류 역사상 가장 처절하고 참혹했던 전쟁의 상흔을 치유할 수 있었다. 물론 유럽 대륙의 영구적 평화 정착과 번영의 배경에는 유럽 국가 간의 협력을 뛰어넘는 공동의 의지가 있기에 가능하였다. 유럽 국가 간 공동의 의지는 통합의 기초를 보장하는 '제도적 틀'보다 훨씬 중요하게 작용했다. 이는 신뢰에 기반한 화해와 연대의 가치였다. 장 모네Jean Monnet가 추구했던 '국가·제도 간 통합보다 사람 간 이해와 신뢰가 우선되어야 한다.'라는 철학은 EU 통합 과정의 기저를 이루고 있다.

유럽 통합 사례의 교훈은 유럽 국가 간 전쟁과 분열로 점철된 역사를 청산하고 지속적인 평화와 번영을 이뤄가고 있다는 점이다. 유럽의 경제통합 모델을 한반도에 그대로 적용하는 데 한계가 있지만, 분명한 것은 유럽의 통합 목표와 南과 北이 지향하는 통합의 가치가 같다는 것이다. 유럽의 국가들처럼 南과 北도 분단 이래 70여 년 동안 '평화'라는 공동의 가치를 지향해 왔다. 이러한 유럽 통합에 대한 정치적 이해와 사유는 한반도에서 평화에 기반한 경제적 번영과 경제협력을 통한 평화의 제도화, 공고화를 구축해 가기 위한 출발점이 된다.

국립통일교육원에서는 유럽 통합의 경험이 한반도 경제통합에 주는 대안들을 종합적이고 체계적으로 살펴보기 위해 유럽 전문가들을 모시고 이번 책을 기획하게 되었다. 이 책은 하나의 이상으로만 생각되던 유럽 통합이 현실로 다가옴으로써 한반도에서도 역사적 대전환이 가능하다는 통찰력을 느끼게 한다. 특히, 유럽 통합에 대한 역사적 배경과 인물, 사건들을 나름의 고증을 토대로 상세하게 기술하고 있어 유럽 역사의 굴곡과 번영의 장면 하나하나를 생생하게 연상케 한다.

이 책이 주는 근본적인 의의는 한반도 미래를 설계하는 모든 이에게 꿈과 희망 그리고 용기를 준다는 데 있다. 이와 함께 나와 공동체가 당면한 현실 앞에서 어떤 자세로 위기를 인식하고 대처해야 하는지도 일깨워준다. 다만, 이 책에 쓰인 내용이 정부의 공식 입장

   EU에서 한반도의 미래를 찾다

과 일치하지 않다는 점을 미리 밝혀둔다.

책을 읽는 여러분이 한반도의 미래를 열어가는 통합의 선구자가 되길 바란다. 그 어느 때보다 국제 질서의 소용돌이가 냉엄하게 몰아치는 한반도 평화와 생존의 기로에서, 변화를 주도하는 준엄한 선택과 통합을 향한 담대한 상상이 시작되기를 기대한다.

2022년 2월

국립통일교육원장

2000년 겨울은 내가 영국에서 대학원에 다니던 시절이었다. 하루는 유럽의 경제통합 수업을 담당하시던 교수님께서 예정보다 늦게 수업에 들어오셨다. 내 기억에 파킨슨병을 앓고 계셨던 탓에 행동이 부자연스러웠던 교수님이 무슨 급한 일이 있는 듯 교실에 헐레벌떡 들어오셔서 엄청나게 중요한 합의가 막 이루어졌다며 수업을 시작하셨다. 떨리는 손을 부여잡고 휘갈겨 쓴 것처럼 보이는 하얀 종이 위에는 니스 정상회담에서 EU 가입이 결정된 중동부 유럽의 10개국 명단과 이로 인한 EU 내부기구 개혁 방안, 유럽의회 의석 재할당 등에 대한 합의안이 적혀 있었다. 그때까지만 해도 나는 국가들이 이 합의에 도달하는 것이 왜 어려웠고 얼마나 중요한 합의였는지 잘 몰랐다.

그러나 한반도 평화 구축의 필요성을 인식하면서부터 그때의 합의가 얼마나 중요했는지 깨닫기 시작했다. 중동부 유럽 국가들의 EU 가입은 냉전 시대의 잔재를 청산했다는 의미에 더해 유럽 대륙 전역에 진정한 평화 구축을 실현했다는 데서도 그 의의를 찾을 수 있다. 서유럽보다 상대적으로 경제가 낙후되었던 국가들이었기에 이들을 받아들이는 데 있어 기존 회원국들이 감수해야 하는 경제적 불이익도 있었다. 심지어 중동부 유럽 국가들의 EU 가입으로 중동부 유럽 노동자들이 서유럽으로 밀려 들어와 일자리를 빼앗고 사회복지에 대한 부담을 늘릴 수 있음을 풍자한 '폴란드의 배관공 Polish Plumber'이라는 말까지 생겨났다. 그러나 기존 회원국들은 대화와 타협의 과정을 거쳐 'EU 확대'라는 정치적 결단을 내렸다. 이러한 정치적 결단을 내릴 수 있었던 근본적 이유는 유럽 대륙에서 영구적인 평화를 구축하자는 공동의 목표가 있었기 때문이다.

한반도 정세는 여전히 불안하고 긴장 상태에 놓여있다. 여기에는 불안하고 불확실한 국제정세도 한몫한다. 코로나19의 확산, 불평등한 백신 공급 문제, 아프가니스탄에서 미군 철수로 인한 혼란, 전 세계적 물류대란과 공급망 재편, 그리고 러시아의 우크라이나 침공 가능성 등이 국제정세를 불확실하고 불안정하게 만드는 원인들이다.

그러나 무엇보다도 이러한 혼란의 중심에는 미국과 중국 간 세력 경쟁이 있다. 지난 트럼프 정부 이후 지속되고 있는 미국과 중국 간 전방위적 전략적 경쟁의 심화는 많은 국가를 미국과 중국 사이에서 '선택의 딜레마' 상황에 빠지게 만들고 있다. 대표적으로 미국이 2022년 2월 개최 예정인 베이징 동계 올림픽에 '외교적 보이콧 diplomatic boycott'을 결정하자 영국, 캐나다, 호주, 뉴질랜드 등이 동참하고 나섰다. 이에 중국이 강력히 반격할 것을 예고한 가운데 EU가 어떤 선택을 할지 주목받고 있으며 한국 정부도 미국과 중국의 '편 가르기'에 고민이 깊어질 수밖에 없는 상황이다.

왜 우리는 미국과 중국 사이에서 어느 쪽에 서야 하는지를 항상 고민해야만 할까? 안보나 경제적 측면에서 미국과 중국은 우리에게 중요한 국가임이 틀림없다. 무엇보다도 양국이 북핵 문제 해결에 각자의 방식대로 중요한 역할을 하고 있다는 점은 부인할 수 없는 사실이며, 이로 인해 한국은 운신의 폭이 제한될 수밖에 없다. 북핵 문제를 둘러싼 한반도 문제는 이미 국제화되었고, 북핵 문제는 미국과 중국의 전략적 가치이자 미국과 중국이 자신들의 세력 경쟁에 레버리지로 활용할 가능성도 있다. 결국 한국이 신흥 선진국으로서 국가의 위상에 맞게 국제무대에서 더욱 자율적인 역할을 수행하기 위해서는 한반도 문제 해결이 최우선적 과제임은 명확하다.

우리는 한반도 문제 해결의 종착점을 통일이라고 인식해왔다. 통일이 최종 목표임은 틀림없는 사실이다. 그러나 젊은 세대 사이에서 통일에 대한 부정적 인식이 점차 높아지고 있다. 남북 간 체제의 상이성과 함께 경제적 격차, 그리고 지난 70여 년간 가장 가깝고도 먼 나라처럼 서로를 적대시해온 남북이었기에 젊은 세대의 부정적 인식은 어쩌면 당연한 결과일 수도 있다. 이와 더불어 통일보다는 남북의 평화적 공존이 우선이라는 여론도 높아지는 것이 현실이다. 남북통일이 겨레의 염원이자 추진해야 할 목표이지만, 갑작스러운 통일은 오히려 안보 불안과 사회적 혼란을 초래할 가능성이 높기 때문이다.

이러한 국내외적 상황을 종합해 보면 우리의 최우선 과제는 한반도 평화 구축이다. 이것이 우리가 이 책에서 한반도 문제 해결에 접근하는 데 있어 유럽 통합의 사례를 살펴본 이유이다. 유럽 단일시장이나 유로화처럼 우리 눈에 비춰진 유럽 통합은 대부분 경제적인 결과들이다. 그러나 유럽 통합의 출발점이었던 '유럽석탄철강공동체' 설립의 궁극적 목표는 유럽 대륙의 평화 구축과 번영이었다. 이를 위해 전범국이었던 독일도 포용했고 심지어 동등하게 대우하였다. 그 목표는 지금까지도 변함없이 이어져 오고 있으며, 유럽 통합을 견고하게 해주는 원동력이 되고 있다. 그럼에도 불구하고 유럽 통합 과정에는 수많은 갈등과 위기가 있었다. 그러나 유럽 통합을 이끌었던 지도자의 역량, 대화와 타협을 통한 문제 해결, 초국가기구들의 역할, 그리고 회원국들의 양보와 정치적 결단력으로 위기를 극복해냈다.

유럽 통합의 또 다른 목표는 전쟁으로 폐허가 된 경제를 복구하여 번영을 이룩하기 위함이다. 우리가 한반도에서 경제통합의 필요성을 강조하는 것도 같은 맥락이다. 한반도 경제통합은 우리 민족의 삶의 질을 격상시켜줄 수 있을 뿐만 아니라 남한에는 새로운 성장동력이며 북한의 경제발전과 국제사회로의 편입을 촉진할 수 있다. 무엇보다도 남북의 경제협력 심화를 통한 경제통합은 한반도의 긴장 완화를 넘어 평화 정착, 그리고 궁극적으로 통일로 가는 가장 핵심적인 과정이 될 수 있다. 우리는 이 책에서 유럽 통합이나 독일 통일이 남북통일의 모델이 될 수 없음을 수차례 강조하였다. 남북 단일시장이나 경제통합도 유럽의 모델을 단순히 모방할 수 없다. 이러한 점에서 이 책은 유럽 통합의 결과물보다는 성공적인 통합을 위해 필요했고, 통합에 기반이 되었던 유럽의 경험에 초점을 맞추었다. 이를 통해 남북 경제통합을 어떻게 추진해야 하며, 어떻게 지속할 수 있을까를 고민하였다.

유럽 통합이 그랬던 것처럼 남북 경제통합도 한반도의 평화와 번영을 공동의 목표로 설정하고, 남북 공동의 이익을 추구한다. 무엇보다도 남북이 체제, 제도, 인식 등 많은 부분에서 서로 다름을 인정하고 존중하는 방향으로 진행되어야 한다. 한반도 경제통합의 실현은 냉전 시대의 유물을 극복함과 동시에 전 세계 평화 구축을 위한 노력에 훌륭한 귀감이 될 것이다.

물론 남북이 경제통합을 위해 나아가는 길에는 수많은 위기와 갈등이 도사리고 있을 것이다. 그러나 위기를 기회로 삼았던 유럽의 교훈처럼 남북도 한반도 평화와 번영을 위해 통합의 길로 묵묵히 나아가야 한다. 미래 한반도의 주역인 우리 후세들이 더는 긴장 상태가 아닌 평화로운 한반도에서 미래를 꿈꾸며 살 수 있는 환경을 만들어 주어야 한다.

이 책에서 다루어진 내용은 한반도의 평화와 통일을 다루었던 기존의 책들과는 다른 관점에서 논의되었다. 이러한 논의의 시작은 무엇보다도 전쟁의 역사로 얼룩진 유럽 대륙의 평화 정착 과정을 통해 한반도 평화 구축 방안을 고민하던 국립통일교육원 백준기 원장의 혜안에서 비롯되었음을 밝힌다. 이 책을 집필하면서 한반도의 평화 정착과 번영을 위한 남북 경제통합의 필요성에 더욱 확신을 갖게 되었다. 아무쪼록 이 책이 한반도에 영구적인 평화를 정착시키기 위한 국민적 공감대를 형성하는데 작게나마 기여하기를 바란다. 다만 이 책에서도 강조했고 집필 과정에서 가장 고민스러웠던 부분은 남북 경제협력이든 한반도 경제통합이든 남북의 합의가 전제되어야 하나 그러지 못했다는 점이다. 조만간 남북이 서로 머리를 맞대고 한반도의 평화와 번영을 위한 경제공동체 설립을 논의할 수 있는 날이 오기를 기대해 본다.

2022년 2월

집필진을 대표하여

윤성욱

제1장 유럽 통합의 역사 ★

제2장 유럽 통합의 성공 요인과 위기 극복 ★

제1장
유럽 통합의 역사

윤성욱(한반도 평화친선대사, 충북대학교 정치외교학과 교수)

지난 70여 년간 진행되고 있는 유럽 통합은 다양한 갈등과 위기상황, 그리고 이를 극복하는 과정이었다. 그렇기에 현재 지구상에 존재하는 다양한 지역 통합체 중에 EU가 가장 발전되고 심화된 통합체라고 받아들여진다. 이런 이유로 아시아를 비롯한 다양한 지역에서 유럽 통합과 유사하게 통합을 위한 노력을 시도하기도 하였다. 그러나 EU와 유사한 형태 및 정도까지 성공한 다른 지역 공동체는 아직 없다. 그만큼 EU 회원국들이 지난 70여 년간 이룩한 통합의 과정이 결코 쉽지 않았음을 방증하는 것이다.

01

전쟁을
종식시키기 위한
유럽 통합 추진

2021년 현재 27개 회원국으로 구성된 유럽연합(EU, European Union)은 지구상에서 가장 심화된 국가 간 통합의 모델로 여겨진다. 제2차 세계대전 이후 전쟁의 폐허 속에서 6개국(프랑스, 서독, 이탈리아, 벨기에, 네덜란드, 룩셈부르크)에 의해 석탄과 철강 분야의 협력으로 시작된 유럽 통합은 경제, 사회, 법, 정치 등 다양한 방면으로 통합의 범위를 확대하였을 뿐만 아니라 통합의 정도도 심화되어 왔다.

물론 지난 70여 년간 통합이 진행되는 가운데 위기 상황도 많이 맞이하였다. 대표적으로 2016년 영국의 EU 탈퇴, 일명 브렉시트 Brexit가 국민투표를 통해 결정되면서 통합, 나아가 EU의 존립 자체에 위기가 제기되었다. 브렉시트와 맞물려 일부 유럽 국가의 극우 포퓰리즘 확대는 EU에 혼란을 가중하기도 하였다. 이보다 앞서 남부 유럽 국가들, 소위 PIIGS라 불리는 포르투갈, 이탈리아, 아일랜드, 그리스, 스페인을 중심으로 금융위기가 발생하면서 유럽의 단일

통화인 유로화와 유로존Eurozone의 붕괴 가능성이 제기되었다. 유로화 및 유로존의 위기는 다시 EU의 존립 논의로 확대되기도 하였다.

지난 70년 가까이 진행되고 있는 유럽 통합 과정은 훨씬 다양한 위기 상황에 직면하였고, 이에 대응하는 모습을 보이고 있다. 그렇기에 현재 지구상에 존재하는 다양한 지역 통합체 중에 EU가 가장 발전되고 심화된 통합체라 여겨진다. 이런 이유로 아시아를 비롯한 다양한 지역에서 유럽 통합과 유사하게 통합 과정을 시도하였다. 그러나 EU와 유사한 형태 및 정도까지 성공한 다른 지역 공동체는 아직 없다. 이는 역설적으로 EU 회원국들이 지난 70여 년간 이룩한 통합의 과정들이 결코 쉽지 않았음을 방증하는 것이다.

그렇다고 해서 EU가 일반적인 주권 국가 수준으로 통합되었다는 것은 아니다. 더욱 다양한 분야로 EU 차원의 통합이 심화되었고, 어떤 분야는 초국가기구인 EU, 즉 공동체 차원에서 권한을 보유하기도 하지만, 아직 개별 회원국들이 정책 결정의 권한을 놓지 않고 있는 분야도 상당하다. 회원국과 EU가 권한을 공유하고 있는 분야도 있다.

유럽 통합의 심화는 사실상 EU의 권한 강화를 의미한다. 그러나 EU는 하나의 국가를 의미하는 것이 아니라 국가들의 연합체이며, 회원국들은 하나의 주권 국가라는 점을 고려할 때 EU와 회원국들 사이에 권한 배분을 둘러싼 경쟁은 지속될 수밖에 없다.

한국, 중국, 일본을 포함한 아시아 지역의 공동체가 존재한다고

EU가 '유럽 통합의 아버지(Founding Father)'로 공식적으로 명명하고 있는 윈스턴 처칠(Winston Churchill)이 1946년 9월 19일, 취리히 대학 연설에서 '유럽 합중국(United States of Europe)'의 건설을 제안하고 있다.

*출처: International Churchill Society

가정해 보자. 아시아 지역 공동체에서 새로운 공동 통화를 만들기 위해 한국의 원화를 포기해야 한다면, 또는 공동체 차원의 외교안보 정책을 추진하기 위해 우리만의 외교안보 정책을 포기해야 하는 상황이라면 결코 쉽게 결정할 수 있는 사안이 아니다. 통화 주권과 외교안보 주권은 한 국가의 정치 및 경제의 상징이자 존립 자체와 직접적으로 연관되는 사안이기 때문이다.

이런 점에서 유럽 통합이 지금까지 이룩한 업적들은 실로 대단한 것임이 틀림없다. 유럽 통합은 수많은 갈등과 그 갈등을 극복하기 위한 노력, 그리고 희생과 불이익을 감수한 정치적 결단 등을 통해 이뤄낸 산물이다.

유럽 통합의 최종 목적지가 무엇인지 아직까지 합의된 결론은 없다. 유럽 통합 초창기부터 유럽 통합이 미국과 같은 일종의 연방

제 국가 형태인 '유럽 합중국 United States of Europe'으로 나아가야 할지, 아니면 이보다 느슨한 개별 주권 국가들의 연합체인 '연합 유럽 United Europe of States'으로 진행되어야 할지에 대한 논란은 합의된 결론을 도출하지 못한 채 사그라졌다.

한편 경제통합체를 넘어 정치통합을 이루는 것이 유럽 통합의 최종 목표라고 주장하는 목소리도 여전히 존재한다. 그러나 유럽 통합 과정에서 다양한 위기 상황을 겪으면서 통합 존폐의 위기까지 논의되는 마당에 유럽 통합의 최종 목표에 대한 논의는 너무나 먼 얘기처럼 여겨질 수밖에 없다.

그럼에도 불구하고 유럽 통합은 살아있는 생물처럼 현재도 계속 진행 중이다. 새로운 법안을 만들어 내기 위해 개별 회원국 간에, 또는 회원국들과 EU 간에 끊임없는 논쟁과 협상이 이루어지고 있다. 그리고 이를 통해 새로운 정책이 채택되어 EU뿐만 아니라 전 세계에 영향을 미치고 있다. EU의 행보에 국제사회의 관심이 새롭게 집중되고 있다.

◆ 유럽의 개별 국가들이 통합에 동참하는 이유

유럽 개별 국가들이 유럽 통합의 길을 선택함으로써 얻는 이익도 있지만, 국가 고유의 권한 상실 등과 같은 불이익도 있다. 그런데도 6개국으로 시작한 유럽공동체에는 2021년 현재 영국의 EU 탈퇴에도 27개 회원국이 참여하고 있다. 그렇다면 왜 국가들은 유럽 통합을 시작하였고, 더 많은 국가가 통합의 길에 동참하였을까?

30년 전쟁을 종식시킨 베스트팔렌 조약이 1648년 체결되면서 유럽 대륙에서 주권 의식의 탄생과 함께 영토를 중심으로 하는 민족국가가 건설되기 시작하였다. 이렇게 형성된 베스트팔렌 체제는 이후 국제 질서의 토대로 확산하였다. 베스트팔렌 조약은 국제법의 시초라고 평가받는다. 이는 협상을 통해 체결되었다는 점과 유럽 대륙에서 마지막 주요 종교전쟁인 30년 전쟁의 막을 내렸다는 점에서도 의의가 있다.

30년 전쟁

'최후의 종교전쟁, 최초의 영토전쟁'으로 불리는 30년 전쟁은 1618년부터 1648년까지 신성로마제국을 무대로 신교와 구교가 부딪친 종교전쟁이다. 종교적 갈등으로 시작된 전쟁은 국가 간 패권 다툼의 양상으로 변질되면서 유럽 대륙 대부분의 국가들이 참전한 국제전쟁으로 확대되어 30년 동안 지속되었다. 1648년 베스트팔렌 조약 Peace of Westphalia 이 체결되면서 전쟁은 종식되었다. 이를 계기로 신성로마제국은 사실상 와해되었고 스페인의 몰락, 스위스와 네덜란드의 독립 및 프랑스와 스웨덴의 강대국 부상 등 유럽의 지형 변화를 가져왔다.

베스트팔렌 체제의 확산으로 단일 민족국가 형성이 가장 이상적인 국가 형태로 받아들여졌다. 이는 국가가 자국 영토 내에서는 최고의 권위를 가지며 대외적으로는 독립성을 바탕으로 내정 불간섭 권리와 국가 간 평등성을 보장받기 때문이다.

그러나 현실은 달랐다. 주권 국가 간에 형식적으로 평등함이 인정됨에도 불구하고 강대국과 약소국 사이의 실질적 불평등성, 다시 말해 일종의 위계질서가 횡행하였다. 결국 유럽 강대국들은 베스트팔렌 체제가 만들어 놓은 주권 평등과 불간섭 원칙 아래 식민지 개척과 시장 선점을 위해 경쟁하였다.

물론 나폴레옹 전쟁 이후 영국, 오스트리아, 프로이센, 러시아, 프랑스 등의 강대국들이 중심이 되어 정통성과 세력 균형의 원칙으로 유럽의 평화를 추구한 '유럽 협조 체제 The Concert of Europe'가 구축되기도 하였다. 그러나 유럽 협조 체제도 패권 경쟁이 과열되고, 자국 중심주의가 심화되면서 결국 무너졌다.

이러한 강대국 간의 세력 경쟁은 1차 세계대전(1914~1918) 발발의 주요한 원인이 되었다. 1차 대전 종전 이후 전쟁을 방지하고 평화를 모색하기 위해 집단안보체제인 '국제연맹 League of Nations'이 창설되는 등의 노력이 있었으나, 민족주의와 전체주의의 확산은 1차 세계대전의 끔찍한 전쟁의 참상이 사라지기도 전에 2차 세계대전(1939~1945)의 발발로 이어졌다.

1차와 2차 세계대전의 출발점과 주요 전쟁터는 유럽 대륙이었다. 비록 전쟁 이전 유럽의 주요 국가들은 국제무대에서 정치 및 경제적으로 강대국들이었지만, 두 차례의 전쟁으로 유럽의 경제는 붕괴되었다. 아울러 2차 대전 이후 소련의 영향력 확대라는 위협에도 직면하게 되었다. 소련의 확장을 막기 위해서도 전쟁으로 폐허가 된

EU에서 한반도의 미래를 찾다

유럽 경제의 재건은 유럽 국가들 앞에 놓인 중요한 과제였다.

그러나 무엇보다도 유럽 국가들이 직면한 큰 과제는 다시는 유럽 대륙에서 전쟁이 재발하지 않도록 하는 것이었다. 즉 유럽 대륙에 영구적인 평화를 정착시키는 것이 핵심이라고 할 수 있다. 국가 간의 협력과 외부의 도움 등으로 경제를 복구하더라도 또다시 전쟁이 발생한다면 경제 복구를 위한 노력은 물거품이 될 것이며, 또다시 수많은 사상자가 발생할 수밖에 없기 때문이다.

두 차례의 세계대전 그리고 그전의 유럽 협조 체제의 붕괴에서도 공통으로 찾을 수 있는 전쟁 종식을 위한 해결책은 민족주의의 극복이었다. 이와 함께 양차 세계대전의 중심에 있었던 독일을 어떻게 처리하는가가 유럽 대륙에서 전쟁을 방지하고 평화를 구축하는 데 핵심적인 사안이었다.

협력 cooperation **과 통합** integration [1]

— 협력은 특정 분야(예: 환경, 무역, 에너지 등)에서 협력하는 기능적 협력, 상업적 특혜를 제공하는 경제적 협력 등이 있으며, 협력에 참여한 국가들에는 국제법 하에서 부여되는 규범적 의무 이상의 것을 요구하지 않음.

— 통합은 국가 간 상호작용의 방해물을 제거하는 데 그치지 않고, 규정의 조화 등을 통해 공동의 규정 common rule이 적용되는 공간을 만들고 통합된 분야에서는 국제무대에서 하나의 목소리를 냄.

결국 유럽 대륙에서 반복되고 있는 민족국가 간 경쟁과 대립의

악순환을 끊고 평화와 번영을 구축하기 위한 방안으로 국가 간 협력의 필요성이 제시되었다. 그러나 여기서의 협력은 우리가 일반적으로 생각하는 협력과는 다르다. 단순히 어떤 사안을 두고 필요에 따라 협력하는 것이 아니라, 개별 주권 국가가 가지고 있는 주권을 '초국가기구'에 이양하는 수준까지의 협력을 의미한다. 이런 점에서 유럽 국가 간의 협력은 단순한 협력의 범위를 넘어서는 통합integration을 의미한다. 개별 주권 국가들이 자국의 주권을 포기하는 것은 결코 쉬운 일이 아니다. 그런데도 이러한 방안을 택한 이유는 국가 간 갈등과 경쟁을 극복하기 위함이며, 궁극적으로 전쟁이 불가능한 공동체를 만드는 데 그 목적이 있다고 할 수 있다.

유럽 대륙에서 전쟁을 종식하고 평화를 구축하기 위해 통합이 필요하다는 주장은 여러 지도자 및 학자들에 의해 제기되었다. 이들은 유럽 대륙의 영구적 평화와 번영을 위한 유럽 통합의 선구자 또는 설립자로 일컬어지고 있으며, 대표적으로 아데나워Konrad Adenauer와 베일Simone Veil, 데 가스페리Alcide De Gasperi, 처칠Winston Churchill, 슈만Robert Schuman, 모네Jean Monnet 등이다. 이들 주장의 공통적인 목표는 유럽 대륙의 평화 정착과 번영이었고, 그 방안으로 유럽 국가 간의 협력과 통합을 강조하였다.

앞서 언급하였듯이, 종전 후 정치 및 경제적 상황도 유럽 통합의 필요성을 설명해 주고 있다. 2차 대전 직후 유럽은 미국과 소련 사이 동서냉전의 장이 되었다. 당시 유럽은 독일의 분단, 동유럽 공산

EU는 민족국가를 넘어 평화롭고 단합된, 그리고 번영된 유럽을 위해 노력했던 유럽 통합의 선구자들을 지정하여 소개하고 있다.

*출처: European Commission

주의 체제 국가 수립 등으로 인해 동서 진영으로 분단되어 긴장 상태에 놓이게 되었다. 유럽 국가들은 이러한 긴장 상태에 대응할 역량이 부족하였다. 특히 취약한 유럽의 경제상황은 사회불안을 초래하고 소련의 영향력 확대를 막아낼 수 없었다. 따라서 당시 유럽은 2차 세계대전으로 황폐해진 경제의 재건과 발전이 무엇보다도 중요하였다.

결국 유럽 통합은 유럽에서 영구적 평화 구축과 경제 재건을 위해 시작되었다고 할 수 있다. 그러나 당시 유럽의 경제 재건이 필요했던 이유 중 하나가 소련의 위협에 대비하고 유럽의 안보 유지라는 점을 고려하면, 유럽 통합의 핵심적 목표는 유럽 대륙에서 전쟁 방지와 평화 구축이라고 할 수 있다. 그리고 그 수단으로 경제 분야의 통합이 추진되었다.

♦ 유럽 통합에 대한 미국의 역할

이러한 유럽 통합의 시작에는 미국의 역할도 상당히 중요했다. 미국 입장에서는 유럽 지역에서 소련의 영향력 확대를 방어해야 했고, 이를 위해서는 유럽의 경제 회복과 재무장이 필요했다. 따라서 미국의 국무성 경제담당 차관이었던 클레이튼^{William Clayton}은 유럽 재건을 위한 미국의 경제적 지원이 필요하다는 제안서를 당시 국무장관이었던 마셜^{George C. Marshall}에게 제안하였다. 이를 통해 마셜 플랜(공식 명칭은 '유럽 부흥 프로그램^{European Recovery Programme}')이 시행되었고, 4년(1948~1951)에 걸쳐 유럽 16개 국가에 130억 달러가 지원되었다.

미국은 거대한 국내 시장이 있고 내부적으로 교역 장벽이 없기 때문에 큰 이득을 누려왔다는 사실을 감안할 때 유럽도 이와 유사한 이득을 누릴 수 있다. 미국 국민은 이러한 나라들에 합동 기구를 통해 공동의 노력을 기울이도록 권장하는 정책을 선포한다. … 이 정책은 유럽에서 경제 협력을 신속히 달성할 것이며, 이는 항구적인 평화와 회

복에 필수적이다. (마셜 플랜 최종안 중 일부 발췌)[2]

마셜 플랜 최종안에서 볼 수 있듯이 미국은 유럽 재건을 돕기 위해 지원하지만, 이 사업의 주체는 유럽이라는 사실을 명시하였고, 유럽 국가 간의 합의에 기반을 둔 공동 기구를 통해 경제복원을 추진할 것을 권장하고 있다. 마셜 플랜이 구체적인 유럽 통합 방향을 제시하거나 공동 기구의 운영 체제를 제안한 것은 아니다. 하지만 공동의 이해관계를 위한 국가 간의 협력이 필요하다고 강조한 점은 유럽 통합의 개념적 토대와 일맥상통한 부분이 있다.

유럽의 경제통합에 대해 일부 국가들, 대표적으로 영국의 의구심과 반발 등이 있었지만, 유럽 통합 구상은 1950년 5월 9일 당시 프랑스 외무부 장관이었던 슈만Robert Schuman의 '유럽석탄철강공동체(ECSC, European Coal and Steel Community)' 창설 제안으로 시작된다. 이에 1951년 프랑스, 독일(당시 서독), 이탈리아, 네덜란드, 벨기에, 룩셈부르크 등 6개국이 ECSC 설립 조약을 체결하여, 1952년 ECSC가 설립되었다. 이후 유럽 통합은 회원국의 확대enlargement와 통합의 심화deepening 과정을 거쳐 2021년 영국의 유럽연합 탈퇴 이후 현재 27개 회원국, 약 4억 5천만 명의 인구를 보유한 공동체로 발전하였다. 유럽 통합 과정에는 우리에게도 익숙한 '유럽 단일시장' 창설, '유로화' 사용, 그리고 가장 최근에 발생한 영국의 EU 탈퇴에 이르기까지 수많은 갈등과 세상을 깜짝 놀라게 했던 통합의 산물들이 복합적으로 혼재해 있다.

　이러한 갈등과 갈등 극복을 통한 통합의 진전이 현재의 유럽 통합을 이루어냈고, 유럽 통합의 목표인 유럽 대륙의 평화를 유지하는 원동력이 되었다. 즉, 유럽 통합의 과정은 어떻게 우리가 민족주의 국가 간 경쟁을 뛰어넘어 평화를 구축하고 지켜나갈 수 있는가를 보여주고 있다.

EU에서 한반도의 미래를 찾다

02

유럽 통합을 통한 경제성장 실현

일반적으로 유럽 통합의 출발점은 ECSC의 설립부터라고 본다. 물론 ECSC 설립 이전에도 유럽 국가 간 최초 협력 기구인 '유럽경제협력기구(OEEC, Organization for European Economic Cooperation)'[3]가 1948년 창설되었고, 유럽 통합을 논의했던 유럽의회 Congress of Europe 나 서유럽 국가들의 경제·사회적 발전을 촉진하기 위한 정부 간 협의 기구인 유럽평의회 Council of Europe 도 출범하였다. 그러나 이러한 기구들은 유럽 통합을 추진하는 주체로서 적절하지 않았다. 특히 통합 추진 과정에서 일부 국가의 반발, 특히 영국 등의 초국가적 기구 창설 반대 등이 있었고, 통합 논의에서 독일(당시 서독)은 제외되어 있던 상황이었다.

유럽 통합의 첫 번째 목표가 유럽 대륙의 평화 구축이라는 점을 감안하면 소위 '독일 문제'는 꼭 해결해야 할 민감한 문제였다. 그러나 독일이 더는 다른 국가들에 위협이 되지 않도록 하면서 유럽 통합에서 전범국가인 독일을 어떻게 처리할 것인가를 모색하는 일은 결코 쉽지 않았다. 특히 독일이 지닌 경제적 잠재력과 경제 재건에 대해 프랑스를 비롯한 주변국들의 우려는 상당했다. 프랑스의 입장에서는 당연히 당시 서독에 대한 견제 및 통제를 확실히 하여 독일이 다시는 위협적인 존재가 되지 못하게 하고 싶었을 것이다.

이러한 상황에서 유럽 통합 논의는 슈만이 제기한 '석탄·철강의 생산 및 판매를 공동 관리하자는 제안'을 통해 새로운 국면을 맞이하게 되었다. 사실상 이 제안은 유럽 통합의 아버지라고 불리는 장 모네의 아이디어였다. 장 모네는 유럽 재건을 위해서는 독일과 프랑스의 협력이 무엇보다 중요하다고 생각하였으며, 이에 경제 재건과 무기 제조 등에 필수적 전략 물자인 석탄과 철강의 공동 관리 방안을 고안하였다. 석탄과 철강의 경제적 중요성과 함께 독일과 프랑스가 이 자원을 둘러싸고 오랜 기간 갈등을 빚어왔던 사실을 고려하면, 석탄과 철강의 공동 관리는 독일을 유럽 안에 포용하면서 독일의 재무장을 방지할 수 있는 제도적 장치이기 때문이었다. 그리고 이를 통한 독일과 프랑스 간의 갈등 해소와 종국적으로 유럽의 지속적인 평화 구축의 출발점이 될 수 있다는 정치적 의미도 있었다.

장 모네의 생각은 1950년 5월 9일 슈만 선언으로 구체화되었고, 1951년 ECSC 설립 조약이 파리에서 체결된 후 1952년 장 모네가 '고위관리청 High Authority'[4]의 초대 위원장을 맡아 ECSC가 발족했다. 바야흐로 유럽 통합이 시작된 것이다. 이를 기념하여 슈만 선언

당일인 5월 9일은 '유럽의 날$^{EU Day}$'로 지정되기도 하였다.

　다른 한편으로는 프랑스를 주축으로 하는 방위 정책의 통합도 시도되었다. 특히 분단된 독일과 당시 소련의 국력과 영향력을 고려할 때, 1950년 한국전쟁의 발발은 유럽 국가들에 안보 분야에서의 협력 필요성을 각인시켜주는 계기가 되었다. 영국의 참여 거부로 ECSC 6개국은 프랑스가 주도한 '유럽방위공동체(EDC, European Defence Community)'를 결성하기로 하였으나, 정작 프랑스 의회의 비준 실패로 좌절되고 말았다. 이 시도는 경제 이외의 분야, 특히 민족국가의 전통적 독점 영역인 상위 정치 High Politics [5] 분야에 속하는 방위 부분에서 초국가적 기구 설립을 통한 통합을 시도했다는 점에서 의의가 있다. 그러나 안보 방위 분야에서의 통합이 현실적으로 어렵다는 점을 확연히 보여준 사례였다.

◆ ECSC의 출범과 경제통합의 확대

　유럽방위공동체의 실패에도 불구하고 ECSC의 출범 이후 서유럽 국가 간 교역의 증대 등으로 자유화된 공동시장의 창설 논의가 제기되었다. 특히 네덜란드 중심의 베네룩스 3국은 ECSC 가입 국가 간 공동시장 창설을 제안하였다. 1955년 6월 이탈리아에서 개최된 ECSC 외무장관 회담에서 회원국 간 이해관계를 조정하고 경

1957년 3월 25일, 카피톨 언덕의 로마시청 호라티어 홀에서 6개국 외무장관이 모여 EEC와 Euratom 설립을 위한 로마조약(Treaty of Rome)에 서명하였다.
*출처: European Commission

제 분야의 통합 방안을 구상할 위원회가 설치되었다. 이 위원회는 유럽경제공동체(EEC, European Economic Community)와 유럽원자력공동체(Euratom, European Atomic Energy Community)의 창설을 제안하였고, 1957년 로마에서 두 기구의 설립조약이 체결되었다. EEC와 Euratom의 설립은 회원국들, 특히 프랑스와 독일의 이해관계가 반영된 결과였다. 공동시장의 창설은 공업 국가로서 부흥하고 있었던 독일에는 호재였으나, 프랑스는 독일의 시장 지배력 확대를 이유로 회의적이었다. 다만 향후 석탄을 대신할 에너지 자원으로 원자력의 중요성을 인식하고, 원자력 기술에서 앞서 있었던 프랑스는 원자력공동체 설립을 적극적으로 주장하였다. 결국 이러한 프랑스와 독일

의 입장 차이를 모두 반영하여 EEC와 Euratom이 창설되고 1959
년에 발효되었다. 이에 1950년대 말 유럽에는 ECSC, EEC, 그리고
Euratom의 세 개의 공동체가 설립되어 운영되기 시작하였다.

EEC와 Euratom 조약은 앞서 설명한 바와 같이 로마에서 체결
되었고, 이에 로마 조약Treaty of Rome으로 불린다. 특히 Euratom 조약
서문에는 유럽 통합의 목적을 유럽의 평화와 번영으로 설명하고 있
으며, EEC 조약에서는 EEC가 '유럽 국민 간 그 어느 때보다 가까워
진 연합(an ever closer union among the peoples of Europe)'이라는 점을
명시하고 있다.[6]

여러 측면에서 유럽 통합 초기 ECSC, EEC, 그리고 Euratom의
설립은 성공적이었다고 평가받는다. 무엇보다도 당시 서유럽 국가
들의 경제 성장과 회원국 간 교역량 증가 등으로 EEC에 대한 기대
감이 높아졌다. 아울러 2차 대전 이후 프랑스의 영향권 아래 있었던
자르 지방을 독일에 귀속시키기로 하면서 유럽 통합의 두 축이었던
독일과 프랑스의 관계는 급진전되었다.

회원국 간 공동시장의 창설을 목표로 했던 EEC가 성공적이었
다는 평가는 유럽 통합 움직임에 거부 의사를 표명해왔던 영국이
1961년 EEC 가입을 신청했다는 사실에서도 알 수 있다. 서유럽의
핵심 국가 중 하나였던 영국은 경제뿐만 아니라 다른 분야에서도
유럽 통합을 추진하는 데 있어 중요한 국가였다. 특히 2차 세계대전
직후 처칠이 유럽 통합을 주장하기도 하였으나, 초국가적 기구 설립

을 통한 통합에 동참하지 않았다. 섬나라라는 지리적 특성, 영연방 국들Commonwealth countries과의 독자적 교역망, 미국과의 특별한 관계 등이 유럽 통합 논의에 참여하지 않은 이유로 거론되지만, 무엇보다도 통합에 참여함으로써 영국의 일부 권한을 양보해야 한다는 점이 핵심적인 이유였다.

이에 영국은 스칸디나비아반도 국가들을 포함한 7개국으로 구성된 유럽자유무역연합(EFTA, European Free Trade Association)의 결성을 주도하였다. 즉, 관세동맹을 기반으로 하는 EEC보다는 느슨한 형태의 정부 간 협력체를 선택한 것이다. 영국의 1961년 EEC 가입 신청과 1967년의 재신청은 모두 프랑스의 거부권 행사로 불발되었다. 결국 1960년대 서유럽은 EEC와 EFTA로 양분된 모습을 보였다.

03

유럽 통합의
확대와 발전

　ECSC, EEC와 Euratom으로 운영되던 3개의 공동체는 1967
년 '통합조약Merger Treaty'의 발효로 합병되어 유럽 공동체(EC, European
Communities)로 재편되었다. 당연히 공동체별로 존재하던 기구들도
하나로 통합되어 하나의 이사회와 집행위원회를 구성하게 되었다.
EC는 공동체 내 관세철폐와 대외 공동 관세를 시행하는 관세동맹,
공동시장, 그리고 공동 농업 정책(CAP, Common Agricultural Policy)을
우선 추진하였다.

　통합의 진전에 따라 회원국 간 교역이 증대하고 공동 농업 정책
의 시행 등에 따라 회원국 간 환율의 안정성이 중요한 의제로 점차
부각되었다. 브레튼우즈Bretton Woods 체제 아래 고정환율제도의 붕괴
로 인한 국제 통화질서의 변화 속에서 EC는 회원국들 상호 간의 환
율 안정을 위해 소위 '터널 속의 뱀Snake in the Tunnel'으로 불리는 제도를
도입했다.[7] 그러나 회원국 간 이견과 정책의 차이(예: 독일은 물가 안정,

프랑스는 성장 중시), 달러화의 계속된 위기 등으로 이 제도는 제 기능을 발휘하지 못하게 되었다.

이후 1979년 '유럽통화제도(EMS, European Monetary System)'를 창설하여 유로화가 출범하는 1999년까지 운영하였다. EMS도 몇 차례 위기와 환율 변동 폭의 조정 등이 있었지만, 유럽의 환율을 안정시켰다는 점에서 어느 정도 성공했으며, 향후 유럽 통화 통합의 기반을 만들었다는 데 의의를 갖는다. 사실상 EMS를 통한 EC의 통화 협력 체제 구축은 1970년대에 주목할 만한 성과를 내지 못하고 있었던 경제통합이 재가동되는 계기가 되었고, 이를 토대로 이후 유럽 단일시장과 유로화가 성공적으로 출범할 수 있었다고 평가된다.[8]

EC(현재 EU)의 주요 기구들

— 집행위원회 European Commission
  - EU의 집행기관으로 법안을 제안하고, 공동체의 이익을 대변함.
— 이사회: EU 정상회의 European Council 및 EU 이사회 Council of the European Union
  - EU 정상회의(또는 유럽 이사회)는 유럽이 나아가야 할 방향을 정하고, 미래 정책 결정의 어젠다를 설정함.
  - EU 이사회는 각료 이사회 Council of Ministers 라고도 칭하며, 회원국 간 이해관계를 조정하는 정부간 inter-governmental 협력체로 유럽의회와 함께 최고 의사결정기구임.
— 유럽의회 European Parliament
  - 입법, 예산 및 감독 기관으로 주요 사항에 대한 동의권 및 법안의 공동 결정권을 가지고 있음.
  - 예산을 확정하고, 집행위원장 선출과 집행위원 임명 동의 및 불신임권을 가지고 있음.
— 유럽 사법재판소 Court of Justice of the European Union
  - EU 법규를 해석하고 EU 조치의 적법 여부를 판결함.

    EU에서 한반도의 미래를 찾다

1970년대 세계 경제는 1971년 브레튼우즈 체제 붕괴로 인한 국제통화위기와 석유파동 여파로 심각한 침체기를 겪었다. 이런 여파는 당연히 유럽 경제에도 영향을 미쳤다. 특히 에너지 수입 의존도가 높은 유럽 국가들은 석유파동을 계기로 무역수지 악화, 인플레이션에 따른 긴축 정책, 이로 인한 대규모 실업이 발생하는 스태그플레이션 stagflation 을 겪었다. 1960년대가 유럽 통합의 역사에서 신속한 통합이 진전되었던 시기라면, 1970년대는 회원국들이 자국의 이익을 위해 이기적인 정책, 대표적으로 보호주의적 경향을 취하면서 공동체의 위기설이 나오기도 하였다. 당연히 유럽 통합도 제대로 진전되지 못한 시기였다. 유럽 경제의 침체는 일본을 비롯한 신흥 공업국들의 부상으로 더욱 가중되는 형국으로 진행되었다.

그나마 유럽 통합 논의가 다시 진행될 수 있었던 계기는 영국의 가입을 반대해 왔던 프랑스 드골 대통령의 사임이었다. 이후 영국을 포함하여 아일랜드, 덴마크, 노르웨이가 EC 가입을 신청하였고, 노르웨이를 제외한 세 나라가 자국의 국민투표 과정을 거쳐 EC에 가입하였다. 1973년 영국, 아일랜드, 덴마크가 EC의 회원국이 되는 첫 번째 확대 enlargement 로 EC 회원국은 9개국이 되었다.

유럽 통합의 확대는 이후 남부 유럽에서 진행되었다. 1975년 그리스, 그리고 1977년 권위주의 체제에서 민주화된 포르투갈과 스페인이 EC 회원국 가입을 신청하였다. 그러나 이 세 국가는 기존 회원국과 경제 격차가 컸다. 특히 스페인과 포르투갈은 농업 및 어업 등의 분야에서 기존 회원국들과 갈등을 유발할 수 있다는 우려가 제기되었다. 이런 배경하에 우선 1979년에는 그리스의 가입만 허용되었다. 그리스는 1981년 정식 회원국이 되었고(2차 확대), 스페인과 포르투갈은 1986년에 정식으로 회원국이 되었다(3차 확대).

1970년대에는 회원국의 확대와 더불어 유럽 통합 과정에서 몇 가지 의미 있는 결정이 이루어졌다. 초국가적 기구에 의한 통합체라고 볼 수는 없지만, 당시 냉전 시대에 국제무대에서 공동체 차원의 외교 정책을 취할 필요가 있다는 인식에서 '유럽정치협력(EPC, European Political Cooperation)'이 설립(1970)되었다. 아울러 예산 집행에 대한 유럽의회의 권한 확대, 공동 농업 정책에 대한 재원 마련의 규칙 결정, 그리고 통화 동맹monetary union 실현을 통한 통합의 심화 등에 합의를 이루었다. 무엇보다도 EC 회원국 정상들의 회담인 '유럽이사회European Council'를 정례화하기로 함으로써 유럽 공동체의 최고 의사 결정 기구가 탄생하였다.

또 다른 주목할 만한 변화는 직접 보통 선거를 통해 유럽의회 의원을 선출하기로 합의한 것이다. 프랑스와 영국 등 일부 회원국들의 반대에도 불구하고 1979년 유럽의회 구성을 위한 첫 번째 직접 선거를 시행하였고, 이를 계기로 유럽의회는 정치적 정통성을 갖게 되었다.

국제질서의 변화와 통합 심화의 필요성 인식

1980년대는 유럽 통합이 다소 정체되는 분위기에서 시작했지만, 프랑스와 독일의 주도로 통합 논의에 활력이 다시 살아났으며, 특히 1980년대 후반 국제정세의 급격한 변화로 통합 필요성에 대한 인식이 높아졌다고 정리할 수 있다. ECSC 설립에 참여하지 않고 유럽 통합에 부정적 입장을 보였던 영국과 유럽 공동체 사이의 갈등이 표면화되었던 때도 이 시기였다. 1979년 영국 총리로 취임한 대처 Margaret Thatcher 는 같은 해 11월 30일 아일랜드 더블린에서 개최된 유럽이사회 이후 기자회견에서 영국이 EC에 내는 분담금 문제를 제기하였다.

영국 대처 총리의 주장은 영국은 영국을 위해 공동체의 돈을 요구하는 것이 아니라, 영국이 낸 유럽 공동체의 분담금에서 영국이 유럽 공동체로 받은 혜택 이외의 돈을 돌려달라는 것으로 요약할 수 있다. 유럽 통합에 매우 부정적인 시각을 가지고 있었던 대처 총리의 등장과 재정 분담금 문제 및 공동 농업 정책에 대한 불만 등으로 영국은 독일 및 프랑스 등 다른 회원국들과 갈등을 빚었다. 영국을 중심으로 한 회원국 간의 갈등으로 1980년대 초반 유럽 통합은 지지부진한 상태에 머물러 있었다.

♦ 유럽 단일시장 설립 합의

그러나 유럽 통합에 호의적이었던 프랑스의 미테랑François Mitterrand 대통령과 1982년 독일의 새로운 총리가 된 콜Helmut Kohl, 그리고 특히 1985년 EC 집행위원장에 취임한 들로르(Jacques Delors, 미테랑 정부의 재무장관 역임)를 중심으로 통합 움직임이 다시 활성화되었다. 콜과 미테랑의 공조는 1983년 슈투트가르트 선언에서 '유럽연합' 또는 '유럽연방국가' 창설을 위해 노력하겠다는 의지를 표명한 것을 시작으로, 1984년 퐁텐블루 유럽이사회에서 빛을 발하였다.[9] 또한 이러한 공조는 영국의 대처 정부가 분담금에 대한 불만으로 거부해 오던 EC 예산 문제에 대한 합의를 끌어냈을 뿐만 아니라, 유럽 시민의 정체성 확립을 위한 '시민의 유럽People's Europe' 구성 작업반 조직 등 물밑작업을 가동하게 하였다.

들로르가 유럽연합 EC 집행위원장에 취임하면서 가장 역점을 두고 추진한 사업이자 유럽 통합 역사에서 중요한 이정표가 되었던

EU에서 한반도의 미래를 찾다

사안은 유럽 단일시장European Single Market 구상이었다. 이미 유럽 통합 초기부터 공동시장의 건설에 대한 논의가 조약에 명시될 만큼 중요한 안건이었으나, 1980년대 중반까지 유럽 공동체는 관세동맹 수준에 머물렀다. 특히 경제력과 기술력에서 미국, 일본과의 격차가 점차 커지고 이에 대한 대응의 일환으로 단일시장 완성과 같은 경제통합이 필요하다는 인식이 점차 확산하였다. 이에 회원국 간 협상의 과정을 거쳐 1987년 7월, '단일유럽의정서(SEA, Single European Act)'를 발표하였다. 유럽 공동체는 상품, 서비스, 인력 및 자본의 자유로운 이동을 보장하기 위해 모든 무역장벽을 철폐하여 1993년 1월 1일부터 유럽 단일시장을 출범시키겠다는 목표를 SEA에 명문화하였다.

단일시장 형성 목표는 무엇보다도 경제적 측면에 있다. 유럽 경제의 경쟁력 제고와 지속적인 성장, 그리고 이를 통한 일자리 창출 등으로 공동체 시민들의 후생을 극대화하는 것이 목표이다. 이러한 경제적 혜택에도 불구하고 단일시장의 완성이 모든 회원국에 동등한 혜택을 부여하는 것은 아니었다. 그렇기에 단일시장의 설립 과정에서 회원국들은 합의하기까지 어려운 협상과 타협, 양보, 그리고 설득의 과정을 거쳤다. 결국 단일시장은 이를 완성하겠다는 회원국들의 정치적 의지와 결단의 산물이라고 할 수 있다.

단일시장의 설립 추진은 자유로운 자본이동원칙을 실현하고 회원국 간 환율 변동에 따른 환리스크를 제거하기 위해 단일통화의 필요성이 대두되는 원동력이 되었다. 이에 들로르를 의장으로 하는 통화 동맹 추진 위원회가 출범하였고, 1989년 3단계에 걸쳐 통화 동맹으로 나아가는 계획을 담은 '유럽 공동체의 경제 및 통화 동맹에 대한 보고서', 일명 '들로르 보고서 Delors Report'가 발간되었다.

다른 한편으로 이러한 유럽 통합의 심화 및 통화 통합의 움직임에 영향을 주었던 중대한 사건은 소련의 붕괴와 연이은 중동부 유럽 사회주의 체제의 붕괴와 같은 국제정세의 변화였다. 이는 서유럽과 맞닿은 지역에서 발생하여 회원국 안보에 심각한 영향을 미칠 수 있는 문제로 인식되었다. 결과적으로 유럽 통합의 심화를 통한 공동체 차원의 대응이 필요하다는 인식이 강해지는 계기가 되었다.

공동체 내부적으로는 동독의 붕괴와 독일의 통일 가능성이 대두되면서 회원국들 사이에서 갈등 발생의 여지마저 나타났다. 특히 독일 콜 총리가 독일 통일을 추진하겠다고 선언하면서 영국과 프랑스를 비롯하여 다른 회원국들은 독일 통일과 이로 인한 2차 대전 이후 안정적으로 유지되어 오던 유럽의 정치 질서 변화 가능성에 심각한 우려를 나타냈다.

독일로서는 통일에 따른 다른 회원국들의 우려를 불식시키고 독일 통일이 공식적으로 인정되어 동독 지역이 유럽 공동체에 편입되게끔 회원국들을 설득시킬 방안이 필요했고, 이에 유럽 공동 통화 창설 문제를 들고 나왔다. 당시 세계에서 가장 안정적인 통화라고 칭송받던 마르크화를 가지고 있던 독일은 프랑스만큼 통화 통합에

EU에서 한반도의 미래를 찾다

적극적이지 않았다.

이러한 배경에서 콜 총리는 통화 통합과 같이 더욱 심화한 유럽 통합에 통일된 독일이 참여하여 공동체 회원국 간 연계가 강화된다면 독일은 다른 회원국들이 우려하는 지역 내 안보 위협이 되지 않을 것이라는 논리를 주장했다. 심지어 정치 동맹political union의 필요성을 강조하기도 하였다. 결국 1990년 더블린에서 개최된 유럽 이사회는 통일된 독일의 구동독 지역이 유럽 공동체에 편입되는 것을 승인하였고, 이에 독일 통일은 유럽 공동체에서 공식적으로 승인되었다.

05

유럽연합의 탄생과
회원국의 확대

1980년대 후반 급격한 국제 질서 변화에 대한 유럽 공동체의 대응에 대해 심각한 비판이 제기되었다. 사회주의권 몰락 등 유럽의 앞마당에서 일어난 위기 상황에도 공동체 차원의 대응이 불가능하다는 것이 비판의 핵심이었고, 이에 외교안보 분야에서도 통합이 필요하다는 인식이 확산하였다. 그러나 소위 상위 정치 분야에서의 통합에 대한 회원국들의 반대, 그리고 미국과의 대서양 동맹을 중시하는 국가들의 반발로 또다시 외교안보 분야의 통합은 어렵다는 것이 증명되었다.

이러한 상황에서 1991년 4월, 룩셈부르크는 유럽 공동체를 3개의 축pillar인 유럽 공동체, 공동 외교 안보 정책, 내무·사법 분야 협력으로 구성하자고 제안하였다. 물론 이 제안에 대해 회원국들의 의견은 분분했고, 1991년 12월에 개최될 유럽 이사회를 앞두고 합의 도출을 위한 회원국 간 협상이 지속되었다. 결국 마스트리흐트에서 개최된 유럽 이사회에서 합의가 이루어져 '유럽연합 조약Treaty on European Union', 일명 '마스트리흐트 조약Maastricht Treaty'이 체결되었다. 이를 계기로 유럽 공동체 EC는 3개의 축을 토대로 하는 유럽연합, 즉 EU로 질적 전환을 이루었다. 특히 이전까지의 통합이 주로 경제 분야에 국한되어 진행되었다면, 마스트리흐트 조약을 통해 유럽 통합이 (높은 수준의 통합은 아니지만) 외교안보 및 국내 정치 분야까지 확대되었다는 데도 의의가 있다. 이와 함께 마스트리흐트 조약은 3단계에 걸친 경제통화 동맹(EMU, Economic and Monetary Union)의 완성을 구체적으로 명시하였다.

경제수렴 조건 Economic Convergence Criteria

— 경제수렴 조건은 효율적인 단일 통화정책의 운용 및 회원국의 경제 운영 환경을 동질화하기 위해 물가, 재정, 금리 및 환율의 4가지 거시경제지표에서 마련한 조건으로, 일종의 유로화를 사용하기 위한 자격 조건이라고 할 수 있음.

- 물가: 최근 1년간 소비자물가상승률이 가장 낮은 3개 회원국 평균 물가상승률 +1.5%p 이내
- 재정: 재정적자가 명목 GDP의 3% 이내, 정부 부채 잔액이 경상 GDP의 60% 이내
- 금리: 최근 1년간 소비자물가상승률이 가장 낮은 3개 회원국 평균 명목 장기 금리 +2.0%p 이내
- 환율: 최소 2년간 자국화 환율을 ERM II의 환율 변동 허용 폭 이내로 유지

*출처: European Commission

이에 1999년 1월, EMU 가입을 유보한 영국, 덴마크, 스웨덴과 경제수렴 조건을 충족시키지 못한 그리스를 제외한 11개국이 참여

한 통화 동맹이 출범하였다. 유로화를 사용하는 국가들을 지칭하는 '유로존Eurozone'이 정식 출범한 것이다. 1차 참가국에서 제외되었던 그리스는 2000년 경제수렴 조건을 충족함으로써 2001년 1월 유로존에 가입하였고, 2002년 1월 유로화는 12개 국가에서 공식적인 법정 통화legal tender로 유통되기 시작하였다. 유로화를 사용하는 국가들의 중앙은행 격인 '유럽중앙은행(ECB, European Central Bank)'도 1998년 독일의 프랑크푸르트에 설립되었다.

유로화의 탄생은 주권 국가가 국가의 상징인 자국 화폐와 통화 정책 권한을 포기하고 공동 통화를 채택했다는 의미이며, 유로화 채택이라는 그 사실만으로도 유럽 통합 역사 중 가장 획기적인 사건임이 틀림없다. 단일시장의 완성과 유로화라는 공동 통화의 사용으로 유럽의 경제통합이 어느 정도 완성 단계에 도달했다는 평가가 나오는 이유라 할 수 있다. 이후 유로화를 채택하는 국가들은 점차 확대되어 2021년 현재 19개국, 총 3억 4천만 유럽인이 사용하고 있다.

♦ 유럽연합의 확대

1990년대에는 EFTA에 속해 있으면서 유럽 통합에 비교적 적극적인 모습을 보이지 않았던 국가들이 새로운 회원국으로 가입하면

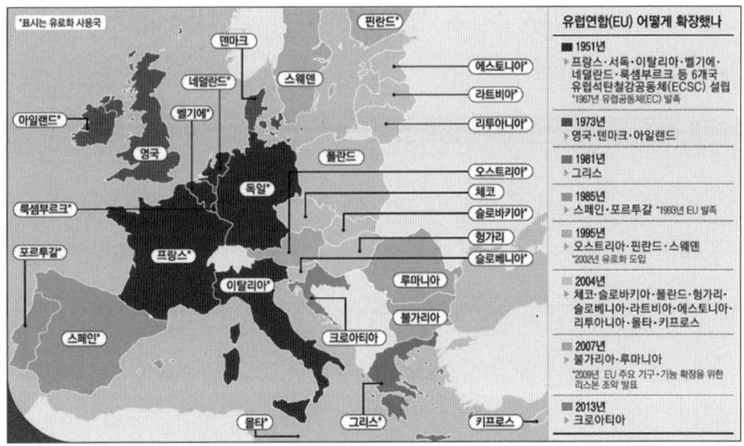

최초 6개국으로 시작한 유럽 통합은 총 7번에 걸친 확대를 통해 (영국의 EU탈퇴 이전 기준) 28개 회원국으로 구성된 EU가 되었다. 현재 알바니아, 북마케도니아공화국, 몬테네그로, 세르비아, 터키 5개국이 '가입 후보국(Candidate Countries)'이며, 보스니아-헤르체고비나와 코소보는 '잠재적 가입 후보국(Potential Candidate Countries)'이다.

*출처: European Commission

서 유럽연합의 확대가 이루어졌다. 냉전 종식에 따라 새롭게 EU에 가입을 신청한 국가들은 과거 중립적 입장을 고수해 오던 오스트리아, 스웨덴, 핀란드 등이다. 국민투표에서 부결된 노르웨이와 스위스를 제외하고 이 세 국가의 가입은 1994년 정식으로 승인되어 EU 회원국은 15개로 확대되었다(4차 확대).

4차 확대로 서유럽 국가들의 EU 회원국 가입 문제는 어느 정도 마무리되었다. 이제 문제는 소련의 붕괴와 냉전의 종식으로 체제를 전환한 중동부 유럽 국가들(CEECs, Central and Eastern European Countries)이었다. 중동부 유럽 국가들을 대상으로 한 EU의 확대는 단순히 시장의 확대와 같은 경제적 통합이나 지리적 확대만을 의미하지 않는다. 민주주의 체제로 전환된 중동부 유럽 국가들로의 회원국 확대는 EU가 가장 중요시하는 원칙인 민주주의 확산이라는 측면에서, 그리고 안보적 측면에서도 중요한 의미를 갖는다.

이미 EU는 1993년 코펜하겐 유럽 이사회에서 EU 가입 자격요건을 규정한 '코펜하겐 기준^{Copenhagen Criteria}'에 합의하였다. 이 기준은 첫째, 민주주의를 보장하는 제도의 안정성, 법의 지배, 인권 존중, 소수자의 보호 및 존중, 둘째, 시장경제의 활성화, EU 내에서 경쟁 압력과 시장의 힘에 대응할 수 있는 능력, 그리고 셋째, 정치·경제·통화 동맹의 목표를 준수하고 EU의 법규(규정, 표준, 정책)를 효과적으로 이행할 능력을 포함하여 회원국의 의무를 실행할 수 있는 역량이다.

이 기준을 토대로 우선 가입 협상 대상국들과 1990년대 후반부터 가입을 위한 협상이 시작되었고, 2002년 12월 코펜하겐에서 개최된 유럽 이사회에서 10개국(체코, 헝가리, 폴란드, 에스토니아, 라트비아, 리투아니아, 슬로바키아, 슬로베니아, 몰타, 키프로스)에 대한 가입이 승인되었다. 5차 확대는 수적으로 가장 많은 10개국에 대한 가입이 이루어져 EU는 총 25개 회원국으로 확대되었으며, 기존의 서유럽에 국한되었던 유럽 통합이 중동부 유럽 및 지중해 지역으로 확대되었다는 데 의미가 있다. 이후 2007년 불가리아, 루마니아, 2013년 크로아티아의 가입으로 영국의 EU 탈퇴 이전 EU는 총 28개 회원국으로 구성되었다.

　EU의 확대는 필연적으로 EU 제도의 개혁 필요성을 동반하였다. 제도 개혁에 대한 논의는 1990년대 중반부터 관심을 받기 시작했으며, 중동부 유럽 국가들의 가입이 가시화되면서 그 논의가 본격화되었다. EU의 특성상 정책결정 제도에 대한 보완 및 통합의 유연성 확보, 대표적으로 일부 국가의 반대로 통합이 진전되지 못하는 경우에도 대다수 회원국의 동의 시 통합을 심화하겠다는 '이중 속도의 유럽two-speed Europe', 회원국 확대에 따른 EU 기구의 정수 조정, 민주성 결핍democratic deficit으로 비판의 대상이 되고 있는 유럽의회의 권한 강화 등이 주요 현안들이다. 이러한 내용은 1999년 발효된 암스테르담 조약에 포함되었다. 그 밖에도 국경 검문검색 및 여권 검사 면제 등 국경 철폐를 통한 자유로운 이동의 보장을 선언한 '셴겐 협정Schengen Agreement'[10]을 암스테르담 조약에 포함함으로써 셴겐 협정은 EU 법적 체제의 일부가 되었다.

06

통합의
정체기와 위기

　암스테르담 조약은 EU의 제도 개혁 측면에서 어느 정도 성과를 거두었지만, 큰 장애물이 아직 남아있었다. 역사적인 중동부 유럽 10개국의 EU 회원국 가입을 목전에 두고 EU 내부 정책 결정 방식에 대한 개정이 필요했다. EU, 특히 이사회는 정책 사안에 따라 단순 다수결 방식, 가중 다수결 방식, 그리고 만장일치 방식을 활용한다. 외교안보 사안이나 새 회원국 가입 등 회원국의 민감한 문제들은 만장일치제를, 그리고 단순 다수결 방식은 주로 EU 내부 문제를 결정할 때 활용된다.

　통합 초기 대부분의 결정이 만장일치 방식으로 진행되다 보니 공동체 차원의 합의가 이루어지기 어렵거나 합의가 되더라도 시간이 오래 걸리는 문제가 발생하였다. 이에 통합 과정을 거치면서 점차 많은 분야에서 다수결 방식으로의 전환이 이루어졌다. 그러나 회원국별 인구 및 경제 규모 등에서 큰 차이를 보여 '1국 1표제One country One vote'방식이 아닌 대체로 인구 규모가 감안된 회원국별 차등적인 수의 투표권을 행사하는 가중 다수결 투표 방식을 주로 활용하였다. 그러다 보니 중동부 유럽 국가들이 회원국이 되기 전에 개별 회원국들에 부여될 투표수를 정하는 문제를 두고 회원국별로 이해관계가 충돌하였다. 논란을 겪은 끝에 EU는 2001년 니스 조약을 통해 어렵게 합의에 도달하였다. 그런데도 니스 조약 체결 과정에서 보여준 회원국 간의 심각한 갈등 때문에 EU는 대내외적으로 상당한 비판에 직면했던 것도 사실이다.

이러한 혼란 속에서도 유럽 통합의 심화를 위한 여정은 계속되었다. 특히 주목할 만한 점은 소위 유럽 헌법 제정을 시도했다는 점이다. 프랑스의 전 대통령 데스텡 Giscard d'Estaing 이 이끌었던 유럽대표자 회의 European Convention 는 2001년 라켄 선언을 통해 구성되었다. 유럽 대표자 회의는 치열한 논의 과정을 거쳐 2003년 유럽 헌법 초안을 작성하였고, 2004년 회원국 정상들은 유럽 헌법 조약에 최종 합의하였다. 상당수의 회원국이 헌법 조약을 비준한 가운데 2005년 5월 프랑스, 그리고 2005년 6월 네덜란드 국민투표에서 비준이 부결되면서 유럽 통합은 심각한 위기에 직면하게 되었다. 특히 프랑스와 네덜란드가 ECSC의 창립 국가이자 적극적으로 유럽 통합의 토대를 닦아왔던 국가들이라는 점을 고려할 때 비준 실패로 인한 충격은 예상보다 훨씬 컸다. 결국 유럽 헌법은 사장되었고, EU 정상들은 모든 헌법 논의를 중단하고 '반성의 시간 period of reflection'을 갖기로 선언하였다.

유럽 통합의 위기와 반성의 시간을 거쳐 2007년 의장국이 된 독일은 숙고 기간의 종료를 선언하였고, 회원국들은 새로운 조약 마련을 위한 논의 시작에 합의하였다. 새로운 조약은 기존 유럽 헌법 내용을 토대로 하지만, '헌법'이라는 표현과 그것을 연상시킬 수 있는 용어, 상징 등은 모두 폐지되었다. 2007년 12월 리스본에서 최종 합의된 리스본 조약, 일명 개혁 조약Reform Treaty은 2009년 12월 1일 공식 발효되었다. 리스본 조약은 처음으로 EU에 법인격을 부여하여 EU가 모든 대외 관계의 당사자가 되도록 규정하였다. 이에 EU가 기존의 경제공동체인 EC를 대체 및 계승함으로써 기존 3주 체제three-pillar system가 EU로 통합되었다.

또한 이사회의 의사결정 방식을 기존의 가중 다수결 방식에서 '이중 다수결Double Majority 방식'[11]으로 변경하였고, 유럽의회의 권한 강화, 그리고 EU와 회원국의 권한을 명확히 구분하였다. 무엇보다 주목할 만한 내용은 리스본 조약을 통해 'EU 정상회의 상임의장'과 'EU 외교안보 정책 고위대표'직을 신설함으로써 정책의 일관성을 강화하려고 노력했다는 점이다.

리스본 조약 체결로 유럽 헌법 좌초로 침체되어 있던 유럽 통합 논의가 다시 한번 탄력을 받을 수 있는 계기가 마련되었다. 특히 공동체의 권한을 확대함으로써 EU의 정치·경제적 통합의 정도가 강화될 것으로 전망되었다.

◆ 유로존 경제위기와 브렉시트

유럽 통합에 다시금 활력을 불어넣어 주었던 리스본 조약의 발효와 함께 EU는 강력한 위기 상황에도 직면하게 되었다. 2008년 미국발 금융위기에서 촉발된 전 세계적 금융위기는 유럽 지역에도 심각한 영향을 미쳤다. 특히 2009년 하반기를 기점으로 글로벌 금융위기 이후 재정지출 확대에 따라 재정 건전성이 부실한 국가들(이들을 통틀어 PIIGS(포르투갈, 아일랜드, 이탈리아, 그리스, 스페인)로 지칭한다)을 중심으로 재정위기 우려가 확대되는 상황이 되었다. 특히 이 국가들은 유로존에 속해 있다는 점에서 유로존 탈퇴설 또는 EU 탈퇴설,[12] 나아가 유로화의 붕괴 및 유럽 통합 좌초설까지 제기되기도 하였다. 유로존 재정위기에 대해서는 다양한 원인이 제기되었다.

그러나 가장 핵심적인 원인으로 꼽히는 부분은 불완전한 통화와 재정통합 체제라는 점이다. 다시 말해, 유로화의 출범과 함께 통화정책은 통합되었으나, 여전히 재정정책은 개별 국가들의 고유 권한으로 남아 있다는 의미이다. 이에 유로화를 채택한 일부 회원국의 재정 부실화로 인한 경제위기 확산에 신속하게 대응하기 어렵다는 구조적 문제가 있었다. 이런 이유로 유럽중앙은행의 은행권에 대한 유동성 공급, 유로존 및 IMF를 통한 구제금융 재원 확충 등의 단기적 처방 조치는 근본적인 해결 방안이 될 수 없었다.

물론 중장기적 관점에서 영국과 체코를 제외한 EU 회원국들은

2012년 1월 긴축을 통한 재정 건전성 회복을 목표로 하는 '신재정 협약New Fiscal Compact'에 합의하였다. 또한 EU 금융기관에 대한 EU 차원의 감시 강화 등을 골자로 하는 '은행연합Banking Union', '유로본드Eurobond' 발행 등을 논의하였지만, 회원국 간 의견 차이는 상당했다. 그래도 근본적인 문제 해결을 위해서는 진정한 의미의 재정통합이 필요하다는 인식을 공유하였다. 문제는 개별 회원국들이 재정정책에 대한 권한을 공동체에 이양할 수 있는가이다. 이 또한 정치적 결단이 필요한 문제라는 점에서 필요성에 대한 공감에도 불구하고 향후 유럽 경제통합의 심화에 핵심적인 사안이 될 것이다.

유럽 통합이 진전되면서 유럽 공동체는 수많은 위기를 겪어 왔다. 수많은 갈등 상황을 대화와 협상을 통해 극복해 오던 EU가 영국의 EU 탈퇴라는 강력한 복병을 만났다. 아이러니하게도 리스본 조약 제50조는 최초로 회원국의 유럽연합 탈퇴 권한 및 절차를 규정해 놓은 조항이며 영국이 이 조항의 첫 번째 이용국이 되었다. 몇 차례 언급하였지만, 영국은 유럽 통합 과정에서 어떻게 보면 가장 비협조적인 존재였다. 이러한 점에서 영국은 '어색한 파트너awkward partner'라는 별칭으로 불리어 왔다. 2016년 6월 영국의 EU 탈퇴를 결정한 국민투표 결과는 같은 해 11월 미국 트럼프 대통령 당선 결과와 함께 일반적인 예상을 뒤엎고 전 세계에 충격을 준 사건이었다. 유럽 통합에 상대적으로 적극적이지 않았던 영국이었지만 영국이 EU에서 차지하는 경제·정치적 위상 등을 고려할 때 브렉시트Brexit

EU에서 한반도의 미래를 찾다

가 EU에도 상당한 충격을 줄 것은 자명한 사실이었다.

브렉시트에 더해 EU에서는 민족주의를 앞세운 극우 포퓰리스트 정치 집단이 그 세력을 확장해 나갔다. 반EU, 반이민 등의 기치를 내세운 포퓰리스트 세력은 일부 국가에서 정권을 잡기도 하였고,[13] 2019년 유럽의회 선거에서 극우 정당이 약진하는 결과를 보여주기도 하였다. 프랑스에서도 마크롱 정부의 개혁 정책에 반대하는 '노란 조끼' 시위가 첨예화되었으며, 2015년 난민 수용 문제를 두고 독일 메르켈 총리가 역풍을 맞으면서 유럽 통합의 추진력이 약화되는 결과를 초래하기도 하였다.

◆ 코로나19 팬데믹이 가져온 위기와 기회

이러한 유럽 통합 과정에서 다양한 위기를 단 한 번에 잠재운 사건은 2020년 이후 전 세계를 휩쓸고 있는 코로나19 팬데믹이다. EU는 이탈리아에서 코로나19 확진자가 처음 발생한 이후 전 세계 다른 어느 지역보다 확진자가 많이 발생한 상황이다. 코로나19 초기 대응 실패와 확진자의 확산은 EU의 코로나19 대응에 대한 비판과 함께 또다시 유럽 통합의 위기설을 불러일으켰다. 코로나19 대응과 관련한 EU에 대한 비판에도 불구하고 사실상 보건 및 공공 의료에 대한 권한은 아직도 대부분 개별 회원국에 있다. 다시 말해 EU

차원에서 적극적 대응이 불가능한 구조였다.

이에 코로나19에 대한 초기 대응은 공동체가 아닌 개별 회원국 차원에서 시행되었지만, 우리가 일반적으로 유럽 국가들에 대해 인식하고 있는 부유하고 발달된 과학기술과 우수한 보건복지 체계를 갖춘 국가들의 모습이라고 보기는 어려웠다. 회원국 간 의료 장비(예: 마스크, 인공호흡기 등)의 수출을 금지하거나 국경 봉쇄 조치를 취하기도 하였고, 코로나19 사태로 인한 경제적 대응 방안(예: 코로나 채권 발행 문제)을 두고 회원국 간, 특히 북유럽과 남유럽 사이 갈등이 나타나기도 했다.

코로나19 대응 방안으로 헝가리 총리의 국가비상사태 무기한 연장 조치는 EU 민주주의에 위협적이었다. 이는 민주주의를 최고의 가치로 삼는 EU 내에서 권위주의적 정부가 부상되는 계기가 될 수 있었기 때문이다. 유럽 통합의 상징이자 자유로운 이동을 보장하는 원칙을 대표하는 솅겐 협정은 국가들의 무분별한 국경 통제 조치 시행으로 그 의미가 퇴색되기도 하였다. 이러한 회원국들의 대응은 공동체의 이상보다는 개별 국가의 국익을 우선시하는 모습이었고, 이런 점에서 통합의 위기설이 재점화되었다. 이러한 상황으로 잠시 잠잠했던 반EU를 표방하는 극우 포퓰리스트 정치 세력의 재부상이 우려되기도 하였다.

그러나 2020년 7월, 독일이 EU 이사회 의장국을 맡으면서 그 분위기가 전환되기 시작했다. 독일 메르켈 총리는 '분열'보다는 '결

   EU에서 한반도의 미래를 찾다

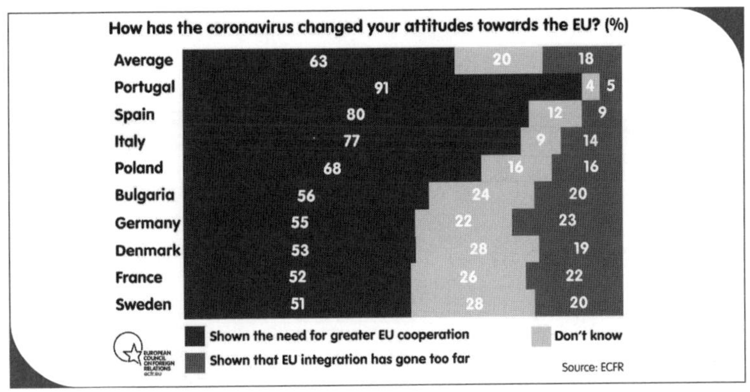

EU 시민들을 대상으로 한 설문조사에서 코로나19 팬데믹으로 인해 EU 차원에서 더 강력한 협력이 필요하다는 의견이 평균 63%를 차지하고 있다. 특히 코로나 확산이 심각했던 이탈리아, 스페인 등에서 그 비중이 더 높다.

*출처: ECFR 2020

속'에 역점을 두고 코로나19 대응과 경제 회복에 초점을 맞추어 유럽의 강력한 재통합을 추진하겠다는 의사를 밝혔다. 개별 회원국 중심의 대응이 실패로 돌아서자 EU 시민들도 EU 차원에서 협력이 필요하다는 방향으로 인식이 바뀌어 갔다.

2020년 7월, EU는 7,500억 유로 규모의 경제회복 기금, 일명 차세대 EU 기금 Next Generation EU Fund 을 조성하는 데 성공하였다. 이는 재정정책의 권한이 회원국에 있는 현재의 구조에서 EU 사상 최초로 채권 발행을 통해 조달한 자금을 회원국에 보조금으로 지원하는 최초의 사례이자 EU 차원의 공동 재정정책이라는 점에서 의의가 있다. 이와 함께 패키지 형태의 다양한 코로나19 대응책을 공동체 차원에서 추진해 나가기로 하였다.

물론 코로나19 대응 정책의 시행에서도 여전히 회원국 간 이견으로 집행이 미뤄지거나 논의가 필요한 부분들도 있다. 그러나 코로나19에 대한 개별 회원국 중심의 초기 대응 실패는 오히려 분열이 아닌 EU의 결속을 강화하는 계기가 될 수도 있다. 아울러 공동체 차원에서 보건 및 공공의료에 대한 권한을 강화할 필요가 있다는 인식이 확대되어 이 분야의 통합이 심화될 가능성도 크다.

한 가지 주목할 만한 점은 코로나19 확산이 예상과는 달리 오히려 개별 회원국들의 여당 지지율을 상승시킨 효과로 나타났다는 점이다. 사실 코로나19 확산은 아시아인 등 외국인에 대한 혐오 현상인 제노포비아 Xenophobia의 확산과 반이민, 반EU를 앞세워 민족주의

유럽 집행위원회 폰 데어 라이엔(Ursula Von Der Leyen) 집행위원장과 유럽 정상회의 상임의장인 미셸(Charles Michel)이 코로나 회복 기금 조성을 위한 정상회의(2020.7)가 끝난 뒤 팔꿈치로 인사를 하고 있다.
*출처: POLITICO

EU에서 한반도의 미래를 찾다

를 강조하는 극우정당의 영향력을 강화할 것이라고 전망되었다. 이런 점을 고려할 때, 향후 EU를 중심으로 하는 코로나19 대응의 성공 여부는 유럽의 결속력을 더욱 강화하고, 통합을 지속해서 심화시킬 수 있는가를 판단하는 데 중요한 척도가 될 것으로 보인다.

코로나19로 전 세계가 극심한 경제 침체를 겪고 있지만, 코로나19로 인한 EU 경제 위기의 성공적 극복 또한 유럽 통합 심화의 원동력이 될 수 있다. EU는 코로나19 출구전략의 핵심을 소위 '녹색회복Green Recovery'으로 방향을 잡고, 유럽의 기후변화 대응 및 디지털화 전략을 통해 경제 회복을 추진하겠다는 전략을 구상하고 있다. 오히려 2030년까지의 탄소 감축 목표를 기존의 40%에서 50%로 상향 조정하는 데 합의하면서, 코로나19로 인한 경제회복이 단순히 코로나 이전의 경제로 복귀하는 것이 아닌 코로나19 사태를 모멘텀으로 EU 경제를 저탄소, 디지털 경제로 전환하겠다는 목표를 세우고 있다. 이러한 전략은 EU 전반에 공유된 정치·경제·사회적 인식을 바탕으로 추진되고 있다고 볼 수 있다.

07

유럽 통합의 특징과
향후 전망

　계속해서 강조해도 지나치지 않은 사실은 유럽 통합의 시작은 유럽 대륙에서 전쟁을 종식하고 영구적 평화를 구축하기 위한 것이라는 점이다. 이를 위해 전범국 독일을 어떻게 처리할지, 왜 석탄과 철강이라는 자원을 선택하였는지 등을 유추해볼 수 있다. 지난 70여 년 동안 ECSC 설립 이후 추진되어 온 유럽 통합은 회원국 간, 그리고 회원국과 공동체 사이의 수많은 갈등과 위기를 겪어왔다. 또한 EU 역내, 주변 지역, 그리고 국제 정세의 변화도 유럽 통합에 상당한 영향을 끼쳐왔음을 알 수 있다. 2000년대 후반에 닥친 유로존 위기, 브렉시트Brexit, 극우 정당의 득세 등은 실로 유럽 통합의 후퇴뿐만 아니라 EU 존립 그 자체에도 영향을 줄 수 있을 만큼 강력했다.

　그러나 현재까지 EU는 그 위기들을 대체로 잘 극복해 왔고, 통합의 심화를 향해 나아가고 있다. 유럽 통합은 마치 살아있는 생물처럼 끊임없이 변화하고 있다. 물론 과거 유럽 연방 등을 꿈꾸었던

유럽 통합의 선구자들이 바랐던 만큼 완전한 형태의 통합이 이루어
진 것은 아니다. 앞서 설명한 대로 보건 및 공공의료 분야는 아직 개
별 회원국의 권한이며, 재정통합의 가능성도 그리 높지 않다. 경제
통합에 집중하면서 많이 다루지는 않았지만 외교 및 안보, 그리고
방위 분야에서의 통합은 아직 요원하며, 이 분야의 통합을 논의하는
것 자체가 일종의 금기가 된 분위기이다.

유럽 통합은 '확대'와 '심화'라는 두 방향으로 추진되어 왔다. 향
후 EU 회원국으로 가입 가능성이 있는 국가들이 있지만, 지리적 관
점에서 보았을 때 대부분의 유럽 국가는 EU 테두리 안에 들어와 있
다. 결국 앞으로 유럽 통합의 핵심은 '심화'이다. 상대적으로 용이한
경제통합이 지속해서 진행된다고 볼 때, 향후 유럽 통합의 과제는
정치·사회 분야의 통합이라고 할 수 있다.

대한민국이 주변 국가들과 통합 논의를 진행하고 있다고 가정할
때, 통합을 위해 우리가 가지고 있는 주권 일부를 포기해야 한다면
우리 국민은 쉽게 동의하기 어려울 것이다. 그것은 너무 당연하고
이성적인 생각이다. 그런 점에서 불완전하지만 유럽이 지금까지 이
루어 놓은 통합의 결과는 사실상 전무후무한 역사적 산물이다. 그리
고 지금보다 더 심화된 방향으로의 통합은 지금까지의 과정보다 더
어려울 것임이 틀림없다. 그러나 EU가 결속력을 바탕으로 코로나
19 위기를 극복하고, 경제를 회복하며 국제무대에서 EU의 위상을
드높인다면 오히려 통합의 심화는 탄력을 받을 수도 있다.

유럽 통합의 사례에서 보았듯이 EU뿐만 아니라 개별 회원국 지도자들의 역할도 유럽 통합의 심화를 위해 중요하다. 대표적으로 지난 2005년 총리 취임 이후 유럽 통합에 주도적 역할을 해왔던 메르켈 총리는 2021년 12월 퇴임하였다. 메르켈 총리가 퇴임 의사를 밝힌 3년 전부터 유럽 통합의 미래를 걱정하는 목소리가 나오기 시작했다. 단일시장의 완성이나 단일통화의 출범과 같은 세계 경제의 역사에 길이 남을 업적을 이룩하는 데 지도자들의 정치적 결단이 무엇보다 중요한 역할을 하였다. 과거보다 공동체의 권한이 많이 확대되었고, 국제무대에서 EU가 회원국을 대표하여 목소리를 내는 횟수가 늘어났다. 그런데도 EU의 대통령 격인 정상회의 상임의장이나 집행위원장, 또는 외교부 장관격인 EU 외교정책 고위대표의 이름은 아직 우리에게 생소하다. 어떻게 보면 이러한 현실이 EU가 처한 현실이기도 하다.

EU는 국제사회에서 규범을 만들고 확산시키는 권력으로서 건재한 모습을 보여주고 있다. 세계 최대 규모의 공적개발원조를 시행하고 있으며 탄소 중립과 같은 기후변화 대응을 위한 다양한 정책을 발표하였다. 그리고 최근에는 디지털 경제로의 전환 전략을 발표하면서 EU만의 독자적인 길을 개척해 나가려는 모습을 보인다. 이러한 노력이 성공한다면 국제무대에서 EU의 위상은 더욱 높아질 뿐만 아니라 유럽 통합은 점차 심화될 것이다.

1 윤성욱(2019), '라틴아메리카 지역통합의 새로운 흐름: 태평양 동맹 사례를 중심으로' 《아태연구》 26(4): pp. 117-144.

2 George Friedman/홍지수 역(2020), 《다가오는 유럽의 위기와 지정학》, p. 185.

3 OEEC는 현재의 '경제협력개발기구(OECD, Organization for Economic Cooperation and Development)'의 전신이다. 처음 OEEC 설립 당시 서유럽 국가들의 경제적 분열 가능성 등을 우려하여 OEEC 준회원국의 자격을 갖고 있던 미국과 캐나다 등이 참여하는 OECD를 설립하였고, 지역과 활동의 범위를 넓혀 나갔다.

4 고위관리청은 ECSC를 운영하는 초국가적 기구로 고위관리청을 포함한 ECSC의 주요 기구에 대한 자세한 설명은 본 책 제3장에서 하도록 하겠다.

5 '상위정치(high politics)'는 군사, 주권, 안보, 전략 등과 관련된 국가 체제 유지 및 기능과 관련된 이슈를 의미하며, 경제, 사회, 환경 등의 이슈들은 상대적으로 부차적으로 여겨 '하위정치(low politics)'로 간주한다.

6 강원택, 조홍식(2015), 《하나의 유럽》 서울: 푸른길, pp. 60-61.

7 이 제도는 회원국들의 화폐는 미국 달러화에 대해 ±2.25%를 유지하고(터널), 회원국 간 환율은 터널 안에서 ±1.125% 범위에서 변동되도록 한 것이다.

8 배병인(2011), '유로존 출범과 위기의 정치경제: 국제적 요인을 중심으로' 《아시아리뷰》 1(2), pp. 109-131.

9 손기웅 외(2013), 'EC/EU 사례분석을 통한 남북 및 동북아공동체 추진방안' 《KINU 연구총서》 서울: 통일연구원.

10 셴겐 협정은 유럽의 26개 국가가 국경을 개방하고 정보를 공유하기로 한 국제조약을 의미하며, 1985년 프랑스, 독일 및 베네룩스 3국, 총 5개국이 조약을 체결하면서 시작되었다. 현재 셴겐 협정에 가입한 국가들은 그리스, 네덜란드, 노르웨이, 덴마크, 독일, 라트비아, 룩셈부르크, 리투아니아, 리히텐슈타인, 몰타, 벨기에, 스위스, 스웨덴, 스페인, 슬로바키아, 슬로베니아, 아이슬란드, 에스토니아, 오스트리아, 이탈리아, 체코, 포르투갈, 폴란드, 프랑스, 핀란드, 헝가리 등이다.

11 이중 다수결 방식은 EU 인구의 65% 및 회원국 수의 55%(27개 회원국 중 15개 회원국) 이상을 동시에 충족시켜야 하는 방식이다.

12 이를 계기로 영국의 EU 탈퇴를 일컫는 Brexit에 빗대어 그리스의 EU 탈퇴, 즉 Grexit라는 신조어가 등장하기도 하였다.

13 이탈리아에서는 2018년 포퓰리스트 정당의 극우 '동맹(League)'과 좌파 '오성 운동'의 연립정권이 탄생하였고, 한때 60%의 지지율을 얻기도 하였다. 이와 관련하여 더 자세한 내용은 본 책 제2장 06의 '극우 민족주의 세력 확대와 EU의 대응' 부분을 참조하기를 바란다.

유럽 통합의 성공 요인과 위기 극복

안병억 (대구대학교 국제관계학과 교수)

유럽 통합의 성공 요인은 국제정치적 맥락 속에서 찾아볼 수 있다. 통합을 주도해 온 프랑스와 독일은 거대한 국제정치·경제적 변화 속에서 어떤 대응책을 모색했는가? 성공은 곧 위기와 밀접하게 연관된다. 2차 대전 후 서유럽에서 통합이 본격적으로 시작된 것은 바로 국제무대에서 변방으로 전락한 유럽 국가들이 이런 위기에 대응하기 위해 함께 나섰기 때문이다. 이런 맥락에서 유럽 통합의 아버지라고 불리는 프랑스의 장 모네는 "유럽은 위기 속에서 만들어질 것이고 통합은 이런 위기 극복을 위한 해결책의 총합이 될 것이다."라고 전망하기도 하였다. 장 모네의 말처럼 유럽 통합은 위기의 산물이었고 여러 위기를 극복하는 과정에서 통합은 점진적이며 단계적으로 진전되어 왔다. 지난 70여 년 동안 지속된 유럽 통합은 국제정치적 위기에 대한 유럽 주요국과 유럽 기구의 대응이 서로 작용하면서 이루어져 왔다. 제2장에서 살펴 볼 유럽 통합의 성공과 위기, 그리고 위기 극복 과정을 통해 유럽 통합을 관통하는 큰 흐름을 이해하고 향후 통합의 방향도 전망해 볼 수 있다.

01

전쟁에서 얻은 역사적 교훈과 공동 리더십의 행사

유럽석탄철강공동체(ECSC, European Coal and Steel Community)는 전쟁 수행에 꼭 필요한 전략물자인 석탄과 철강의 생산 및 관리를 국가가 아니라 새로운 유럽의 기구가 담당하도록 했다. 여기에서 초국가주의 Supranationalism 적 통합이 처음 등장한다.

회원국이 보유한 석탄과 철강의 생산량 조절과 관련 산업의 지원, 소비 등을 유럽기구로 이양해 이 기구가 권한을 행사한다. ECSC에서는 고위관리청이 이를 담당했다. 국제연합(UN, United Nations)은 국제기구일 뿐이고 초국가적 기구가 아니다. 2020년 기준 193개 회원국이 기후변화 등 국제사회의 공동 이슈를 논의하고 협력하는 장으로 유엔을 선택했을 뿐이다. UN은 회원국의 정책 권한을 넘겨받지 않았기 때문에 회원국의 주권을 거의 제약하지 않는다. 반면에 고위관리청과 같은 초국가적 기구는 법적으로 회원국을 직접 구속하는 조약 등을 만들고 이를 이행한다. 그렇다면 왜 유럽에서 2차 대전 후 처음으로 이런 초국가적 기구 출범이 가능하였을까?

이 글의 첫머리에서 언급했듯이 유럽의 피 흘린 전쟁사, 특히 국제정치·경제에서 주도권을 행사해 왔던 유럽을 변방으로 내몰리게 한 양차 세계대전이 프랑스와 독일의 정치 엘리트에 미친 영향에서 해답을 찾을 수 있다.

1차 대전 후 전승국 프랑스와 영국, 미국 등은 패전국 독일과 베르사유 조약Treaty of Versailles을 체결하였다. 프랑스는 독일에 대한 강경한 전후 처리를 요구했고 이를 관철시켰다. 독일이 감당할 수 없는 1,320억 금 마르크(금본위제 체제하의 독일 제국 마르크로 가치가 매우 안정됨)라는 천문학적인 전쟁 배상금을 부과했고 이 때문에 독일 최초의 민주공화국이던 바이마르 공화국Weimar Republic은 1920년대 중반에 2만%에 달하는 초인플레이션에 시달렸다. 또 프랑스는 자국 침략의 주요 경로인 라인강 왼쪽 기슭 지역을 무력으로 점령하였다. 아돌프 히틀러Adolf Hitler의 나치당은 이런 정치·경제의 혼란 속에서 베르사유 조약 폐기와 잃어버린 땅을 되찾겠다는 구호를 기치로 내걸고 세력을 확대하였다. 결국 1차 대전의 전후 처리가 2차 대전을 초래하였고 유럽은 또 한 번의 세계대전으로 다시 회복할 수 없을 정도의 손실을 입었다.

프랑스는 2차 대전 직후 제1차 세계대전의 전후 처리 방식과 같이 대독일 강경정책을 고수했다. 아울러 프랑스는 장 모네의 주도하

EU에서 한반도의 미래를 찾다

에 국가 경제 현대화 계획을 수립하고 이행했다. 프랑스는 수출 증대를 위해 값싸고 경쟁력 있는 석탄과 철강 생산이 무엇보다도 필요했다. 하지만 프랑스는 루르 탄광 지대를 중심으로 하는 독일의 경쟁력 있는 석탄 및 철강 산업과 경쟁할 수 없음을 인식하고 유럽적 해결책을 모색하기 시작했다. 이런 맥락에서 나온 것이 유럽석탄철강공동체ECSC 설립 제안이다(ECSC 설립 세부 내용은 이 책의 3장 참조).

◆ 프랑스와 독일의 화해와 공동 리더십 행사

독일은 2차 대전 후 소련, 미국, 영국, 프랑스 등 전승 4개국에 의해 영토가 분할 관리되었다. 독일에서는 서방 진영의 서독과 공산 진영의 동독이 각각 1949년 5월과 10월에 건국되었다. 신생 민주공화국 서독에는 나치의 잔재라는 오명을 씻고 국제무대에 복귀하는 게 가장 시급한 과제였다. 프랑스의 슈만 외무장관이 전략물자의 공동 관리를 제안했을 때 서독의 초대 총리 콘라드 아데나워(Konrad Adenauer, 재직 1949~1963)는 이를 즉각 수용하였다. 서독의 석탄과 철강업계는 경제적 이득이 별로 없는 이 제안을 탐탁지 않게 여겼다. 그러나 아데나워 총리는 전략물자의 공동 관리가 자국과 프랑스의 관계 개선 및 유럽 통합의 출발이 될 수 있다고 여겨 경제계의 일부 반발을 무릅쓰고 기꺼이 ECSC에 참여하였다.

프랑스는 1차 대전 후의 대독일 강경 정책과 달리 서독을 동등한 파트너로 인식하고 국제사회의 일원으로 포용하고자 하였다. 또한 전쟁에 필수적인 전략물자를 유럽 차원에서 관리해 서독을 제어하려 하였다. 즉, 수천만 명의 희생을 거친 후에야 프랑스는 대독일 강경정책을 포기했고 서독도 이에 호응해 2차 대전 후 서유럽의 재건과 화해, 통합이 시작될 수 있었다.

초국가주의는 이처럼 프랑스와 독일의 정치 엘리트들이 냉엄한 역사의 교훈을 배웠기에 성립될 수 있었다. 영국은 유럽 대륙의 나라들과는 다르게 이런 교훈을 거의 공유하지 않았기에 초기 유럽 통합에 참여하지 않았다. 프랑스와 달리 영국은 양차 세계대전 중에도 본토를 점령당하지 않았고 2차 대전 후 성립된 노동당 정부가 석탄과 철강, 전기 등 주요 산업을 국유화하였다. 이런 상이한 역사·경제적 상황 때문에 영국은 석탄철강공동체 설립 참여 논의의 전제였던 초국가주의 수용을 거부했고 여기에 참여하지 않았다.

초국가적 기구: 고위관리청에서 집행위원회로

유럽석탄철강공동체(ECSC) 회원국인 프랑스와 독일, 이탈리아, 베네룩스 3국(벨기에·네덜란드·룩셈부르크)은 석탄과 철강을 공동 관리하는 기구로 고위관리청을 설립하였다. 1958년 출범한 유럽경제공동체와 유럽원자력공동체도 고위관리청과 같이 일종의 행정부 역할을 하는 별도의 집행위원회 The Commission 가 있었다. 이 기구 역시 회원국이 보유한 경제정책과 원자력 정책을 이양받아 초국가기구로 기능했다. 1967년부터 이 세 기구는 집행위원회로 통합되어 운영되었다. 집행위원회는 EU의 법과 정책을 제안한다.

   EU에서 한반도의 미래를 찾다

1977년 6월 16일 독일 본을 공식 방문한 프랑스의 지스카르 데스탱 대통령(오른쪽)이 독일군을 사열중이다. 제일 왼쪽은 헬무트 슈미트 당시 독일 총리이다.
* 출처: Bundesarchiv_B_145_Bild-F051012-0010

프랑스와 독일은 이처럼 서로에게 이득이 되는 한편, 각자의 국익 차원에서 유럽 통합에 참여했다. 1963년 체결된 엘리제조약(독일-프랑스 우호조약)은 두 나라의 화해를 추구함과 동시에 유럽 통합의 리더십을 제도로 만들기 위해 구성되었다. 프랑스 대통령궁인 엘리제궁에서 서명된 이 조약은 주요 외교정책에서 양국의 사전 협의 의무화를 규정하였다. 또 청소년 교류 등 문화교류도 명시하였다. 양국의 지도자들은 자국의 국익에 도움이 되는 이 조약을 지키려는 정치적 의지가 확고했기 때문에 이념적으로 상이한 정부가 들어서도 양국 협력을 지속할 수 있었다.

1970년대 중반 독일 사회민주당(사민당)의 헬무트 슈미트(Helmut

Schmidt, 재직 1974~1982) 총리와 중도우파 정당에 속했던 프랑스의 발레리 지스카르 데스탱(Valery Giscard d'Estaing, 재직 1974~1981) 대통령은 자국 장관들보다 더 자주 만나 국제사회의 주요 문제와 유럽 통합 이슈를 사전에 조율하였다. 두 사람의 사전 조율로 1979년 유럽통화체제(EMS, European Monetary System)가 출범할 수 있었다. EMS는 유럽 공동체 회원국들의 환율을 일정 범위 안에서 변동하도록 하면서 통화 안정을 꾀했던 제도로 단일화폐 유로화 출범의 기초를 닦았다. 당시 양국의 지도자는 이념적 성향이 상이한 정당 출신이었다. 다시 말해 양국 정당 간 정치 이념이 유사했기 때문에 양국이 유럽 통합에서 긴밀하게 협력한 것은 아니었다.

두 나라는 우호조약의 틀 안에서 국익을 서로 조정하면서 협력을 도모했다. 1980년대 독일의 헬무트 콜(Helmut Kohl, 재직 1982~1998) 총리는 중도우파의 기독교민주당(기민당) 출신이었고, 프랑스의 프랑수아 미테랑(François Mitterrand, 재직 1981~1995) 대통령은 사회당 출신이었다. 두 정치인 역시 긴밀한 협력을 이어나갔다.

1989년 11월 9일 베를린 장벽이 갑자기 붕괴되고 이듬해 10월 3일 채 1년이 지나지 않아 독일이 통일되었다. 당시 프랑스는 통일된 독일이 유럽의 패권 세력이 되고 유럽 통합의 틀 안에서 시행되던 외교정책이 일방주의로 선회할 것을 우려하였다. 콜 총리는 이런 걱정을 불식시키고 유럽의 틀 안에서 독일 외교정책이 추진될 것이라는 점을 설득시키며 통일을 얻는 대가로 독일 마르크화를 포기하

EU에서 한반도의 미래를 찾다

였다.

21세기에 들어선 후에도 독일의 게르하르트 슈뢰더 총리와 자크 시라크 프랑스 대통령, 가장 최근의 앙겔라 메르켈 총리와 에마뉘엘 마크롱 대통령도 EU 회원국 수반들의 정상회담인 유럽이사회 개최 전에 만나 주요 이슈를 논의하고 사전 조율해 왔다. 양국의 협력은 50년이 훨씬 지난 현재에도 지속되고 있으며 유럽 통합에 중요한 역할을 수행하고 있다.

02

유럽 공동체의 공식 리더십과 독일-프랑스의 비공식적 리더십

EU에는 초국가적 기구들이 있다. 행정부와 입법 보조 기관 역할을 하는 집행위원회가 있고 입법기구로는 회원국 장관들의 모임인 각료이사회와 유럽의회가 있다. 회원국 수반들의 모임인 유럽이사회는 통합의 큰 방향과 가이드라인을 제시하는 역할을 한다. 또 유럽이사회는 장관들이 해결하지 못한 쟁점을 타결하기도 한다.

독일과 프랑스의 수반들은 사전에 정상회담에서 만나 입장을 조율한다. 하지만 조율된 입장이 표결에서 통과되어야 EU의 정책으로 만들 수 있기 때문에 유사한 입장을 지닌 회원국들의 동의가 필요하다. 아울러 EU 기구와도 논의가 필요하다. EU 기구는 정직한 중재자 역할을 함으로써 논쟁을 타결할 수 있고, 여기에서 집행위원회 위원장의 역할이 매우 중요하다.

집행위원장은 EU를 대외적으로 대표한다. 집행위원회는 법안과 정책 제안권을 적극적으로 활용하여 통합의 진전에 기여해왔다. 가

장 대표적인 인물이 1985년부터 10년 간 집행위원장을 역임한 프
랑스 국적의 들로르Jacques Lucien Jean Delors이다. 전직 재무장관 출신인 들
로르는 유럽 통합사에서 단일시장 완성을 이루어냈다. 역사적인 독
일 통일의 순간을 포착해 독일의 마르크화를 포기하는 대가로 유로
화를 출범시키는 긴박한 순간에도 중재의 리더십을 발휘하였다.

　1986년 2월, 당시 EC 회원국들은 '1992년 계획'에 합의하였다.
회원국의 상품과 서비스, 자본과 노동의 자유로운 이동을 제한하는
각종 장벽을 단계적으로 철폐해 1992년 12월 31일까지 단일시장
을 만들기로 합의한 것이다. 1958년 경제공동체 설립조약인 로마
조약을 대폭 개정하는 단일유럽의정서가 이를 세부적으로 규정하
였다. 들로르 위원장은 독일과 프랑스, 영국이 제기한 여러 제안을
종합해 집행위원회의 안을 제시하였고 협상 과정에 계속 관여하면
서 타결이 가능하도록 협상을 중재하였다.

　단일시장의 완성으로 1980년대 유럽 통합에 합류한 그리스와
스페인, 포르투갈은 엄청난 시장개방 압력에 직면하였다. 특히 이
3개국에서 경쟁력이 떨어지는 제조업 등 일부 산업계의 반대가 컸
다. 이러한 반대를 완화하고 단일시장 완성에 협력할 수 있게 만든
계기가 '지역정책'의 확대이며, 핵심적 역할을 수행한 인물도 들로
르 위원장이었다. 1980년대 중반까지 EC 예산의 약 2/3 정도는 농
업 분야에 지출되었다. 들로르 위원장은 이를 대폭 개혁해 1988년
부터 1992년 사이에 지역정책 지원 예산을 농민지원액과 거의 비

슷한 수준으로 조정했다. 그리스와 스페인, 포르투갈은 기존 회원국과 비교해 낙후된 지역이 많았고, 지역정책은 이들 지역을 공동체 예산으로 지원해 주었다.

이렇게 짧은 기간 안에 공동체 예산의 지출 항목이 크게 변동된 사례는 유럽 통합의 역사에 없었다. 당시 그 누구도 들로르 위원장에게 이런 예산 지출의 변화를 요구하지 않았다. 집행위원장이 적절한 시기에 기회를 포착해 과잉생산과 과도한 수출 보조금 지급으로 국제통상 분쟁에 빈번하게 휘말렸던 공동농업정책을 개혁하고 지역정책을 과감하게 확대 개편할 수 있었다.

독일 통일 과정에서도 들로르의 역할은 중요하였다. 물론 독일의 콜 총리와 미테랑 프랑스 대통령은 독일 통일 문제에 관해서도 사전에 여러 중요한 내용을 조율하였다. 들로르 위원장은 한 언론 인터뷰에서 독일 통일과 함께 폴란드와 헝가리 등 중동부 유럽의 자유선거 결과에 관해 유럽이 자유민주주의 체제로 하나가 되고 있음을 거론하며 "유럽 통합의 역사가 가속한다."라고 밝혔다.[1]

독일 통일 과정에서 경제적으로 아주 낙후되었던 동독 지역이 사라졌지만 통일 독일은 이 지역에 해마다 경제 부흥을 위한 지원을 지속적으로 제공하였다. 당시 집행위원회는 이런 지원이 공동체의 국가보조금 규정을 위반하지 않도록 독일 정부와 긴밀하게 협상하며 감독하였다. 독일 통일의 시작부터 통일 이후까지 들로르 위원장과 집행위원회는 통일된 독일이 공동체에 문제없이 안착하도록

 EU에서 한반도의 미래를 찾다

중요한 역할을 수행하였다고 볼 수 있다.

◆ 유럽 세력이 된 미국의 적극적인 관여

유럽 통합이 성공적으로 추진될 수 있었던 핵심 요인 중 하나로 미국의 적극적인 역할을 꼽을 수 있다. 미국은 2차 대전 후 1947년부터 냉전이 본격적으로 전개되자 서유럽에 수십만 명이 넘는 미군을 주둔시켰다. 그리고 1949년 4월 집단안보를 목적으로 한 북대서양조약기구 나토NATO를 발족시켰다. 그 1년 전에는 소련이 주도하는 공산주의 세력의 팽창을 저지하고자 서유럽 부흥계획인 '마셜 플랜Marshall Plan'을 통해 유럽의 경제 재건을 지원하였다. 2차 대전 후 국제정치·경제에서 미국은 매우 적극적으로 글로벌 리더십을 행사하였다.

1차 대전 후 전후처리에서 당시 미국의 우드로 윌슨Woodrow Wilson 대통령은 평화 유지를 목적으로 국제연맹League of Nations을 출범시켰다. 그러나 정작 미 상원의 반대로 미국은 자국이 만든 국제연맹에 참여하지 못했고 전후 국제 질서 유지를 위한 국제사회의 노력에 불참하게 되었다. 1930년대 대공황은 유럽과 미국 경제에 타격을 주었으나, 당시 미국은 세계 최강국이었다. 하지만 미국은 경제 위기 극복을 위한 국제사회의 노력에 참여하지 않고, 리더십 또한 전혀 행사하지 않았다. 유럽 통합은 2차 세계대전 후 본격적으로 시작, 확산되었다. 이 과정에서 미국의 역할이 중요했음은 1차 대전 후부터 대공황까지 미국이 국제정치·경제에서 거의 아무런 역할이 없었음을 고려할 때 어렵지 않게 이해할 수 있다.

1948년부터 1951년까지 미국이 마셜 플랜을 통해 제공한 약 130억 달러의 원조액은 당시 수혜국 국내총생산GDP의 3% 정도에 이를 정도로 거액이었다. 단순한 경제적 지원에 그친 게 아니라 미국은 이 원조를 지렛대로 유럽이 미국처럼 통합하여 연방국이 되기를 원하였다. 하지만 미국의 동맹국이었던 영국이 유럽 통합에 관심을 보이지 않았고 프랑스도 독일과의 화해로 독자적인 유럽 통합에 나섰다.

나토의 경우 유럽의 국가체제가 해결할 수 없었던 '독일 문제'를 해결하였다.[2] 독일은 유럽대륙의 중앙에 위치해 있으며 경제·군사적으로 강대국이었기에 유럽 지역의 평화를 자주 교란하였다. 양차 세계대전 모두 영국과 프랑스가 연합해 독일 세력을 저지하였지만, 이는 잠정적인 문제 해결에 불과하였다. 나토 초대 사무총장인 영국의 이스메이 경Lord Ismay은 나토의 창설 목표를 "소련을 유럽에서 몰아내고, 미국을 유럽으로 불러들이고, 독일의 힘을 빼놓기 위해서다."라고 아주 간략하게 표현하였다.[3] 즉 미국은 나토를 만들어 서유럽의 자유민주주의 진영에게 안전을 보장하였다. 실재하는 소련의 위협과 잠재적인 독일의 위협을 제어하는 '이중 봉쇄' 정책이다.

2차 대전 후 압도적인 역외세력 미국은 유럽에 주둔하고 나토를 창설하면서 사실상 '유럽 세력'이 되었다. 미국은 나토를 주도해 서유럽 국가들의 안전을 보장하면서 서유럽의 통합을 적극적으로 지지해왔다. 냉전시기 공산주의 세력의 맹주인 소련과 진영 대결을 벌이는데 서유럽의 단결과 통합이 무엇보다도 필요하였다. 미국이 이런 기본적인 틀을 제공했기에 유럽은 점진적으로 통합을 지속할 수 있었다. 1970년대와 1980년대 경제적으로 번창한 서유럽이 국제 정치경제 무대에서 미국과 종종 통상 분쟁을 벌이곤 하였다. 하지만 이런 분쟁이 서방의 대공산권 대항을 약화할 정도는 아니었다. 냉전 시대에 미국과 유럽은 공동의 목표를 가지고 있었기 때문이다.

1990년 독일 통일과 이듬해 소련의 붕괴로 나토의 존립 이유는 논란의 대상이었다. 하지만 미국은 탈냉전 시기에도 계속해서 유럽 세력으로 남아 있다. 자유민주주의와 시장경제라는 가치를 공유하는 서구에서 미국은 사실상 주연으로, 유럽연합의 회원국들은 조연으로 역할을 분담하는 셈이다.

미국은 탈냉전시기에도 유럽연합과의 관계 제도화에 앞장섰다. EC와의 관계 제도화를 요청한 것도 미국이었다. 미국과 유럽공동체 관계에 관한 선언(The Declaration on US-EC Relations, 1990년 11월 서명)[4]과 이를 보강한 신대서양관계 어젠다(NTA, New Transatlantic Agenda, 1995년 12월 서명)가 냉전 후 양자 관계를 뒷받침한다. 양자 정상회담은 이에 따라 일 년에 두 차례 열린다.

미국과 EU 관계는 대서양을 마주 보고 있어 대서양 관계로 불린다. 역사·지정학적인 이유로 미국은 2차 대전 후 유럽 세력이 되었고 '유럽'과 함께 서구를 형성해 국제정치·경제의 주요 이슈를 조율하고 협력해왔다. 미국 일방주의를 내세운 도널드 트럼프 대통령 재임 시절(2017~2020) 대서양 관계는 요동쳤다. 그러나 2021년 동맹 관계 복원을 주창한 민주당의 조 바이든 대통령이 취임하면서 양자 관계는 상당 부분 복원되었다. 미국은 앞으로도 계속해서 유럽 통합을 지지하고 NATO의 중심성을 유지하며 유럽과 긴밀하게 협력할 것으로 보인다.

03

유럽통화체제^{EMS}를 출범시킨 자본주의 황금 시대의 종말

1950년부터 1973년까지를 서유럽에서는 '자본주의 황금시대The golden age of capitalism'로 부른다. 이 시기 독일과 프랑스, 이탈리아, 베네룩스 3국(벨기에, 네덜란드, 룩셈부르크) 등 서유럽 국가들은 연평균 4.5%의 높은 경제성장률을 기록하였다. 실업률도 3% 미만을 유지하고 경제가 지속적으로 성장하면서 취업률도 유례가 없을 정도로 높았다. 전후 시기(1913~1950년에는 연평균 1.1%, 1973~2000년에는 연평균 2.1% 성장률을 각각 기록)와 경제성장률을 비교해보면 이 시기에 최소 두 배 이상 경제가 급속하게 성장하였다.[5]

이 시기 유럽 통합이 진전될 수 있었던 것도 이런 유리한 국제경제 환경에 힘입은 바가 크다. 1958년 시작된 유럽경제공동체의 경우 6개국은 3단계로 나누어 시장을 개방하기로 하였다. 원래 계획대로라면 1970년부터 회원국 간의 관세가 철폐되고 관세동맹을 시작하는 것이었다. 그러나 경제통합이 빠르게 진전되면서 1968년

7월 1일부터 관세동맹이 형성되었다. 회원국들이 역외(비회원국) 수입품에 대해 서로 다른 관세율을 적용할 경우 경제공동체 내의 내부시장이 왜곡될 수 있다. 역외 수출업자들이 상대적으로 관세율이 낮은 회원국으로 수출을 집중하기 때문이다. 관세동맹은 이런 교역의 왜곡을 방지하기 위해 유럽 공동체 기구, 즉 집행위원회가 회원국 모두에 적용되는 동일한 관세율을 정하고 회원국들이 이를 지키도록 하였다.

마찬가지로 집행위원회는 역외 수입품이 경쟁 관계에 있는 역내 물품보다 지나치게 가격이 낮다고 판단될 경우 반덤핑 관세와 같은 통상정책을 시행하였다. 개별 회원국의 권한이었던 관세 및 통상정책이 공동체 차원으로 이양되어 통합이 한 단계 진전되었다.

그러나 이런 황금시대는 대외 환경이 급변하면서 끝이 났고 1970년대 중반부터 유럽 공동체는 경기 침체와 더불어 물가가 상승하는 스태그플레이션을 겪었다. 2차 대전 후 미국 주도로 형성되고 유지되었던 브레튼우즈 체제(달러 금본위제가 특징, 사실상 고정환율제)가 1971년 폐지된 데 이어 1973년 10월 발발한 중동전쟁으로 1차 석유파동이 일어났다. 에너지 수입 및 대외무역 의존도가 큰 EC 회원국들은 유가가 거의 4배 가까이 급등하는 바람에 수입 물가가 크게 올랐다. 물가는 치솟고 경기는 침체하는 매우 어려운 시기였다. 당시 유럽연합 회원국들은 공동체 차원에서 문제를 해결하기보다 회원국별로 보호무역 정책에 열중하였다. 1973년부터 회원국들은 각종 비관세장벽을 만들어 다른 회원국과의 교역을 줄이고 자국 상품을 우선시하는 정책을 펼쳤다. 집행위원회도 규제를 부과하는 수입품의 비율을 공산품 총수입의 11%에서 15%로 올렸고, 프랑스는 수출 지원을 대폭 확대하기도 하였다.[6]

◆ 통합의 암흑기를 벗어나 재도약하는 발판 마련

그러나 회원국들의 보호무역 조치가 오히려 공동체 내 교역 비중이 큰 회원국들의 경기침체를 야기하자 회원국들은 점차 유럽 차원의 협력 필요성을 절감하기 시작하였다. 공동체 차원의 협력 필요성에 대한 인식은 1979년 3월 유럽통화제도(EMS, European Monetary System)의 창설로 이어졌다. 회원국들의 공동체 내 교역 비중이 상당히 높다는 점을 감안하면 회원국 통화 간 환율 안정은 안정적 교역과 교역 증대에 필수적이었다.

당시 EMS의 설립은 유럽경제공동체 집행위원장의 제안을 독일과 프랑스가 적극적으로 수용하여 국내정치의 반대를 무릅쓰고 관철시켰기에 가능하였다. 1977년 가을 당시 집행위원회 위원장이던 영국의 노동당 정치인 로이 젠킨스Roy Jenkins는 독일의 헬무트 슈미트 총리를 만나 회원국 간의 통화협력을 제안하였다. 그의 회고록에 따르면 슈미트 총리는 분명히 관심이 있었지만, 서독의 중앙은행인 분

데스방크^{Bundesbank}의 반발을 우려하였다.[7]

2차 대전 후 분데스방크는 누구의 간섭도 받지 않는 독립성을 부여받아 물가 안정을 최우선 정책 목표로 삼아왔다. 이런 상황에서 분데스방크가 회원국 간의 통화협력에 참여하면 독일 내 물가 관리가 어려워질 수 있고 독점적으로 누려왔던 통화정책 결정권도 약화될 수 있었다. 이런 반발을 잘 알고 있던 슈미트 총리는 프랑스에 특사를 보내 비밀협상을 벌여 왔고 거의 모든 것이 확정되어 분데스방크가 이를 더는 변경할 수 없을 정도가 되었을 때 협상안을 공개하였다.

슈미트 총리를 통화협력으로 이끈 것은 국제경제의 혼란과 함께 이에 대처하는 미 행정부의 리더십 약화였다. 당시 미국 민주당의 지미 카터 행정부는 인권 외교를 내세우며 서독이나 프랑스 등 유럽 동맹국들과 자주 충돌하였다. 슈미트 총리는 회고록에서 카터 대통령과 잦은 충돌을 언급하며 격동하는 세계정치경제에서 유럽의 목소리를 하나로 모으고 통합을 앞당기기 위해서 EMS를 창설하였다고 밝혔다. 물론 이 과정에서 프랑스의 발레리 지스카르 데스탱 대통령과 긴밀하게 협력하였다.[8]

EMS 창설로 유럽은 1970년대 통합의 암흑기를 벗어나 재도약의 발판을 마련하였다. 1986년 2월 EC 회원국들이 서명한 단일유럽의정서도 이런 통합의 재도약이 이루어졌기 때문에 가능하였다.

2010년
유로존 경제위기

　2010년 5월 그리스는 국제통화기금과 유로존 회원국으로부터 구제금융을 지원받았다. 이어 2012년과 2015년에도 잇따라 지원을 받아 모두 세 차례의 도움 끝에 2018년 9월에야 국제자금시장에서 국채를 발행할 수 있었다. 한 국가의 경제위기는 주로 외국인 투자자들이 투자금을 회수해 가고 해당 국가가 더 이상 국제자금시장에서 국채를 판매(발행)할 수 없을 때 발생한다. 그리스는 8년 정도의 경제위기를 겪었고 세 번이나 구제금융을 받은 후에야 겨우 위기를 극복할 수 있었다.

　그리스에서 시작된 유로존 경제위기는 아일랜드와 스페인, 포르투갈, 키프로스로도 확산하였다. 1999년 국제무대에 단일화폐 유로화가 데뷔한 이후 유로존 존립 자체를 뒤흔든 가장 큰 위기였다. 2020년 12월 말 기준 19개 회원국으로 구성된 유로존에서 5개 국가가 경제위기를 겪었기 때문이다. 많은 학자가 유로존 붕괴를 공공

연하게 거론하기도 하였다. 하지만 21세기 들어 존폐 위기를 겪은 유로존은 더디지만 위기 극복에 합의하였고 이 과정에서 유럽 통합은 앞으로 더 나아갈 수 있었다.

유로존 회원국 간에도 자본이 자유롭게 이동하기 때문에 위기 확산이 급속하게 이루어진다. 그래서 경제위기에 처한 유로존 회원국은 자국 화폐가 없기에 달러나 다른 주요 통화에 대비해 자국 화폐의 가치를 떨어뜨려(평가절하) 수출 경쟁력을 회복하는 등의 위기 대응책을 쓸 수 없다. 그만큼 유로존의 경우 개별 국가가 아니라 회원국 모두가 합의해 위기를 극복할 수밖에 없는 매우 독특한 정책 결정구조를 지닌다. 이런 의사결정 구조는 위기 극복에 많은 시간을 필요하게 하였다.

유로존의 구제금융은 IMF가 전체 지원액의 1/3, 나머지는 위기를 겪지 않는 회원국이 경제력 규모에 비례, 분담하여 2/3 정도를 부담했다. 가장 큰 부담을 떠안게 된 독일은 구제금융을 지원하는 대가로 강력한 재정 긴축(정부의 지출을 과감하게 줄이는 것)과 경제 구조 개혁을 조건으로 요구했다. 독일은 또한 조건부 구제금융 제공에 경험이 많은 IMF 참여를 지원의 전제조건으로 내세워 관철시켰다. 독일이 앞장서서 이런 입장을 유지하고 EU 기구가 실행에 옮기도록 했지만, 다른 부유한 EU 회원국인 네덜란드, 핀란드, 오스트리아 등도 독일의 이런 입장을 지지했다.

◆ 유로존 위기 대응에 대한 회원국 간 갈등과 봉합

　　구제금융을 지원받은 유로존 회원국들은 주로 유럽 남부에 위치해 있다. 이에 유로존 경제위기는 종종 상대적으로 부유한 국가들이 위치한 '북유럽'과 '남유럽'의 갈등으로 묘사된다. 부유한 EU 회원국들이 같은 블록에 속하는 경제위기에 처한 회원국들을 얼마나 빠르게, 어느 정도 규모로, 어떤 조건에서 지원하는가라는 문제가 위기 때마다 불거져 나왔고 다양한 갈등이 그대로 노출되었다.

　　유로존 위기 극복은 유럽중앙은행ᴱᶜᴮ과 유로존 회원국의 공동 대응 두 가지 차원에서 전개되었다. 유럽중앙은행은 유로존의 중앙은행으로서 적극적으로 위기 대응에 나섰다. 반면에 독일을 비롯한 유로존 회원국들은 많은 논란과 논의를 거쳐 단계별로 위기 대응책을 마련했다.[9]

　　ECB는 기본적으로 기준금리를 사상 최저로 내리고, 금융기관에 긴급 유동성을 공급하는 한편 PIIGS 국가들의 국채를 매입하는 방식으로 시중에 막대한 돈을 풀어 경기부양에 힘썼다. 특히 2011년 11월, ECB 총재로 취임한 마리오 드라기 Mario Draghi는 더 적극적으로 시중에 자금을 공급했다. 장기 저금리지원을 통해 이듬해까지 1조 유로 이상을 금융기관에 지원하였다. 기존 지원은 만기 1년에 불과했으나 장기 저금리지원은 만기가 3년으로 늘어났고 담보 조건도 대폭 완화되었다. 또한 드라기 총재는 2012년 7월 국제투자자 회의에서 "유로화의 안정성을 보호하기 위해 필요한 어떤 조치든 취하겠다."라는 과감한 발언을 하여 최후의 대부자로서 ECB의 역학을 강조하였다. 이후 유로존의 붕괴 위기는 크게 줄어들었고 유로존 회원국 정부들도 점진적으로 위기 대응책을 마련하였다.

회원국의 대응은 구조적으로 ECB보다 시간이 더 걸릴 수밖에 없었다. 먼저 위기 원인을 두고 회원국별로 시각 차이가 컸다. 독일을 비롯한 북유럽 국가들은 PIIGS 국가들의 분에 넘치는 생활을 위기 원인으로 지목하였지만, 경제위기에 처한 회원국들은 통합의 주요 수혜국인 북유럽 국가들이 책임을 자신들에게 돌린다고 주장하였다. 2011년 독일 중앙은행인 분데스방크Bundesbank의 옌스 바이트만Jens Weidmann 총재는 PIIGS 국가들이 유로화 도입으로 얻는 저금리라는 혜택을 생산적인 투자에 지출하지 않고 주택 건설과 정부 지출의 증가로 허비했다고 공개적으로 비판하였다.[10] 최대의 경제대국이자 위기 대응을 주도해야 할 독일에서는 게으른 베짱이인 PIIGS 국가들을 지원하는데 혈세를 낭비할 수 없다는 시각이 팽배하였다.

또한 독일에서는 구제금융 제공 반대를 구호로 내건 극우 포퓰리스트 정당인 독일대안당(Alternative für Deutschland, 영어 Alternative for Germany, 이하 AfD)이 2013년 출범하였다. 메르켈 총리가 "그리스에 구제금융을 제공하는 것 이외에 대안이 없다"며 게으른 베짱이 그리스 구제를 정당화하자 그렇지 않고 대안이 있다며 이런 정당 이름을 채택하였다. 유로존 국가 중 다른 어느 나라보다 위기 대응책 마련에 적극적으로 나서야 할 독일이 국내정치적으로 이처럼 매우 어려운 상황을 겪으면서 유로존의 위기 대응은 신속하지 못하다는 비판을 받을 수밖에 없었다.[11]

사실상 유럽연합조약은 회원국에게 구제금융의 제공 금지를 명문화하고 있다. 이 조항을 위반하지 않고 구제금융을 제공하기 위해 묘안을 짜낸 것이 유럽금융안정기금(EFSF, European Financial Stability Facility)이다. 이 기금은 구제금융을 제공받은 국가를 제외한 유로존 회원국들이 경제력에 비례하여 지급보증을 해주는 시스템이다. EFSF 사무국은 이런 지급보증을 담보로 국제자금시장에서 유로화 채권을 발행해 PIIGS 국가들을 지원하였다. 2010년 7월에 유럽금융안정기금이 설립되었고 이후 유럽판 IMF 역할을 하는 유럽안정메커니즘(ESM, European Stability Mechanism, 2012년 9월)이 만들어졌다. ESM은 항구적 구제금융기구로서 경제위기에 처한 유로존 회원국들에게 엄격한 조건부 구제 금융을 제공하며, 총 5천억 유로 대출여력을 지녔다. ESM은 회원국별 경제력에 상응하는 자본금을 납부한다. 따라서 가장 큰 부담을 지게 된 독일은 엄격한 조건부 지원을 요구했고 이를 관철시켰다.

EU는 비단 위기 극복뿐만 아니라 위기 재발을 막기 위한 정책에도 박차를 가해 은행동맹 banking union 을 설립하였다. 회원국 간에 자본이 자유롭게 이동하지만 금융시장은 독일이나 프랑스 등 회원국별로 분절되어 있다. 반면에 한 회원국에서 발생한 위기는 곧바로 다른 회원국으로 급속하게 전파된다. 따라서 EU 차원의 단일 금융시장을 만들고 금융기관 감독과 금융기관 청산을 EU의 한 기구가 담당하는 게 은행동맹의 핵심이다. 유럽중앙은행 ECB 안에 별도의 금융감독이사회가 설치되었고 이 기구는 2014년 11월부터 업무를 개시하였다.

금융기관 감독 권한을 EU 기구가 맡게 된 것은 회원국들이 이 분야의 정책 주권을 포기했기에 가능하였다. 이처럼 유로존 위기는 평상시에는 전혀 고려하지 않았던 과감한 정책 이양, 통합의 진전을 가져왔다.

05

2020년 코로나19의 발발

코로나19 팬데믹의 급격한 확산으로 2020년 3월부터 독일과 프랑스 등 EU 회원국들은 대부분 봉쇄에 들어갔다. 출근과 외출 등 일상생활도 엄격한 조건하에 통제되었다. 이후 팬데믹이 소강상태를 보여 봉쇄가 일부 해제되었지만, 다시 확산하자 2020년 최소 2차례 이상 일부 회원국들이 재차 봉쇄를 단행하였다. 보건위기가 경제위기, 그리고 사회위기로 급속하게 확산되었다. 2차 대전 후 사상 최악의 경제위기 앞에서 EU 회원국들은 과감하게 정부 재정을 풀어 일자리 유지 지원, 재난 지원금 지급, 중소기업 지원 등 각종 대책을 시행하였다.

단일시장을 이룬 EU의 경우 회원국 차원과 함께 EU 차원의 지원책이 절실하였다. EU의 경우 회원국 시민들이 아무런 장벽 없이 다른 회원국으로 자유롭게 이동하는 단일시장이고 회원국 간의 역내 교역이 전체 교역에서 절반을 넘는다. 따라서 27개 회원국이 어느 정도 성장을 회복해야만 EU의 경제도 성장세로 돌아설 수 있다.

유럽은 팬데믹 상황하에서도 단일시장을 유지하고 통합을 진전시키기 위해 유럽 차원의 지원과 정책을 적절한 시기에 시행해야만 하였다. 이는 회원국 간 팬데믹 대응 및 사회유지를 위한 경제 규모의 차이 때문이다. 팬데믹이 확산되면서 회원국별로 재정 여력의 차이가 컸기에 단일시장을 유지하고 통합을 진전시키려면 유럽 차원의 지원과 정책이 적절한 시기에 반드시 시행되어야 하였다. 2015년부터 흑자 재정을 유지해온 독일은 과감한 지원책을 시행하였지만, 경제위기를 겨우 극복하였던 그리스나 스페인 등은 정부의 지원 규모가 미미할 수밖에 없었다.

〈표2-1〉을 보면 2020년 EU 27개 회원국은 평균 -6.1%의 경제성장률을 기록하였다. 스페인이 -10.8%, 이탈리아가 -8.9%, 그리스 -8.2%를 각각 기록해 최악의 경제침체를 보였다. 반면에 리투아니아는 -0.9%, 룩셈부르크는 -1.3%, 독일은 -4.9%의 경기악화를 나타내 회원국별로 경기침체의 차이도 컸다.

〈표2-1〉 EU 27개 회원국의 2020년 경제성장률과 실업 현황　　　　(단위: %)

회원국	경제성장률	실업률
벨기에	-6.3	5.6
독일	-4.9	3.8
에스토니아	-2.9	6.8
아일랜드	3.4	5.7

　　　　　　　　　　　EU에서 한반도의 미래를 찾다

회원국	경제성장률	실업률
그리스	-8.2	16.3
스페인	-10.8	15.5
프랑스	-8.1	8.0
이탈리아	-8.9	9.2
키프로스	-5.1	7.6
라트비아	-3.6	8.1
리투아니아	-0.9	8.5
룩셈부르크	-1.3	6.8
몰타	-7.0	4.3
네덜란드	-3.7	3.8
오스트리아	-6.6	5.4
포르투갈	-7.6	6.9
슬로베니아	-5.5	5.0
슬로바키아	-4.8	6.7
핀란드	-2.8	7.8
위 19개 유로 지역 평균	-6.6	7.8
불가리아	-4.2	5.1
체코	-5.6	2.6
덴마크	-2.7	5.6
크로아티아	-8.0	7.5
헝가리	-5.0	4.3
폴란드	-2.7	3.2
루마니아	-3.9	5.0
스웨덴	-2.8	8.3
EU 27개 회원국 평균	-6.1	7.1

*출처: European Commission 2020[12]

◆ 팬데믹이 초래한 경제위기에 신속 과감하게 대응

코로나19 발발은 EU에 2010년 경제위기보다 한층 더 심각한 경제위기를 초래하였으며 그만큼 EU의 대응책도 과감하였다. 유럽중앙은행은 2020년 3월부터 팬데믹 긴급 자산 매입을 실행해 1조 8,500억 유로 규모의 돈을 시중에 풀었고 이 지원은 2022년 3월까지 계속된다. 독일과 프랑스의 제안을 중심으로 EU 27개 회원국 수반들은 2020년 7월 7,500억 유로(약 1,030조 원)의 유럽경제회복기금(ERF, European Recovery Fund) 조성에 합의하였다. 2021년 7월부터 EU 회원국들은 ERF 계획 집행에 들어갔다. 2015~2019년 실업률과 이 기간의 1인당 GDP, 인구 등을 기준으로 경제적 타격이 큰 국가가 ERF로부터 더 많은 지원을 받게 된다.

ERF 합의는 유럽 통합을 획기적으로 전진하게 한 매우 중요한 분기점이다. 코로나19 발발 후 불과 4개월도 채 되지 않아 합의가 되었고 합의 내용도 이전의 구제금융 제공과 크게 다르기 때문이다. ERF의 합의와 시행으로 EU는 재정 연방으로 가는 첫 발걸음을 내디뎠다. ERF는 집행위원회가 EU를 대표하여 국제자금시장에서 채권을 발행해 이를 회원국에 지원하는 형식을 지닌다. EU는 2050년까지 이 자금을 순차적으로 상환할 예정이다. 재원으로 탄소국경세 등을 도입하고 회원국들도 일부 부담을 져야 한다. EU 최대의 경제 대국 독일이 가장 큰 부담을 지게 된다.

2010년 유로존 재정 위기 당시 독일은 지원의 대가로 매우 혹독한 조건을 요구하였다. 긴축 재정과 조건부 지원, 그리고 미국이나 독일처럼 연방정부가 위기에 처한 지방정부를 자동적으로 지원해주는 재정 연합과 같은 내용의 지원을 거부하였다. EU 차원에서 위기에 처한 회원국을 자동으로 지원해줄 수는 없다는 것이 독일의 결코 양보할 수 없는 일종의 '마지노선'이었다.

하지만 이번에 합의한 경제회생기금은 재정 연합과 같은 성격이다. 초국가적 기구인 EU 집행위원회가 유로화로 사실상의 단일 채권을 발행하고 이 돈으로 회원국을 지원한다. 회원국들은 지원 금액의 37%를 기후변화 및 지속가능한 환경보존을 위해, 그리고 20%는 디지털 전환에 투자해야 할 의무를 지녔다.

비록 집행위원회가 사상 처음으로 국제자금시장에서 채권 발행을 맡았지만, 이는 앞으로 제도화될 가능성이 있다. 회원국 장관들이 채권 발행과 회원국의 관련 정책 이행 감독을 위해 수시로 만난다. 그리고 집행위원회는 1년에 2번 각 회원국이 ERF를 계획에 따라 시행하는지를 점검하고 회원국 장관들의 모임인 각료이사회에 보고한다. 각료이사회는 이를 근거로 회원국이 계획대로 지출을 하지 못할 경우 지원금 지급을 일시 중단할 수 있다.[13]

2010년 유로존 위기 당시 발행된 유로 채권은 구제 금융을 지원받지 않는 유로존 회원국들이 지급보증을 하는 형식이었다. 또 당시에는 긴축을 우선하는 아주 엄밀한 조건부 지원이었고 합의 시기도 ERF와 비교해 볼 때 오래 걸렸다. 팬데믹 발발 이후 EU의 대응은 2010년 유로존 위기 때보다 더 신속했고 과감하였다. 〈표2-2〉는 2010년 유로존 경제위기와 팬데믹 위기 당시 EU의 대책을 일목요연하게 비교 분석한 것이다.

〈표2-2〉 2010년 유로존 경제위기와 2020년 팬데믹 극복 대책 비교

항목	2010년 유로존 위기	2020년 코로나19 위기
위기의 범위	그리스, 스페인, 아일랜드, 이탈리아. 포르투갈(PIIGS 국가들), 키프로스	27개 회원국 모두 단일시장임에 위기가 급속하게 확산됨
지원 합의 시기	위기 발생 후 7개월 만에 합의	위기 발생 후 4개월 만에 합의
EU의 대응	유로존 국가들이 재정 보증을 담보로 일시적 유럽금융안정기금(EFSF) 설립, 이후 항구적인 구제 메커니즘인 유럽안정메커니즘(ESM) 설립	집행위원회가 국제자금시장에서 대규모 자금조달 신규 예산(재원)으로 탄소국경세도입
평가	너무 늦은 미미한 대응	신속한 대규모 지원 합의

*출처: Darvas and Tzaras 2021[14]

　　팬데믹이 초래한 경제위기에 독일이 이처럼 과감하고 신속하게 공동 대응책을 마련한 것은 EU 순회 의장국으로서 통합을 추동하겠다는 강력한 의지가 있었기 때문이었다. 2020년 5월 18일 베를린에서 열린 독일-프랑스 정상회담에서 독일의 앙겔라 메르켈 총리는 프랑스의 에마뉘에 마크롱 대통령과 논의해 5천억 유로 규모의 무상지원용 유럽경제회복기금을 제안하였다. 이를 바탕으로 2개월

뒤 EU 회원국 수반들은 7,500억 유로의 유럽경제회복기금에 합의
할 수 있었다.

2020년 7월부터 반년 간 독일은 EU 순회 의장국이었다. 당초
에 7월 17일부터 1박 2일로 예정되었던 유럽이사회는 의장국인 독
일의 앙겔라 메르켈 총리의 요청으로 ERF 합의가 타결될 때까지 정
상회담을 사흘 더 연장하였다. 순회 의장국인 독일의 메르켈 총리는
유럽이사회 상임의장 그리고 집행위원장과 함께 ERF 타결을 이끌
어냈다. 순회 의장국 독일의 최우선 정책은 팬데믹 공동위기 대응이
었고 메르켈 총리는 공식적 리더십으로 유럽이사회 상임의장 및 집
행위원장과 긴밀하게 협의해 타결을 이끌어냈다.

이처럼 획기적인 합의를 이루어 통합을 앞당긴 것은 유로존 위
기 대응의 경험이 하나의 반면교사가 되었기 때문이다. 2010년부
터 시작된 경제위기가 PIIGS 국가들로 급속하게 확산하였지만, 당
시 독일은 회원국을 무상 지원하는 형식의 재정 이전을 강력하게
반대하였다. 이에 따라 유로존 위기 대응은 너무 늦었고 미미하였으
며, 이로 인해 위기가 더 확산되었다는 비판을 받았다. 코로나19 확
산 과정에서 독일은 신속하게 행동해야 한다는 대내외 압력에 직면
하였다. 독일과 EU 지도자들이 유로존 위기 대응 과정의 부족함을
심각하게 인식하지 못했더라면 코로나19 대응도 더 지체되었을 것
이다.

06

영국의
유럽연합 탈퇴 Brexit

영국 유권자들은 2016년 6월 23일에 있었던 국민투표에서 3.8%포인트 차이로 영국의 EU 탈퇴를 결정하였다. 예상외의 결과였기에 국제경제는 단기간에 요동쳤으며, 이후 영국은 브렉시트 지지자와 반대자로 나뉘어 극심한 국론 분열에 휩싸였다. 국민투표 실시 후 4년 반이 지난 2021년 1월 1일부터 영국은 공식적으로 EU 회원국이 아니다.

영국은 1973년 1월 1일 유럽경제공동체 회원국이 되었고 경제와 외교력 등을 기준으로 EU의 주요 3개국 중 하나로 독일 및 프랑스와 함께 유럽 통합에 기여하였다. 다른 한편으로 영국은 미국과의 '특별한 관계'를 외교정책의 기조로 삼고 미국과 EU의 교량이 되려는 정책을 실행해왔다. EU에서 상대적으로 영향력이 큰 영국의 탈퇴는 주요 회원국의 자발적인 탈퇴라는 점에서 EU에게 큰 충격이었고, 유럽 통합과 국제정치 질서에도 적잖은 영향을 끼쳤다.

영국이 47년간의 회원 자격을 포기한 데는 여러 원인이 있다. 크게 나누어 보자면 배경적 원인과 직접적인 상황적 원인으로 분석할 수 있다. 배경적 원인으로는 섬나라이자 19세기 지구상에서 가장 큰 제국을 거느린 나라라는 역사적 자부심 때문에 영국의 정체성은 대륙과 다름을 강조하였다는 점이다.

그러나 무엇보다도 2016년 국민투표를 결정하게 만든 상황적 요인은 유로존의 경제위기와 이에 편승한 극우 포퓰리스트 정당인 영국독립당(UKIP, UK Independence Party)의 세력 확대, 집권 보수당의 유럽 통합에 대한 분열된 의견을 국민투표로 봉합하려는 국내정치적 요인이 크게 작용하였다.

영국이 EU 탈퇴를 결정한 원인이 무엇이든 간에 EU의 주요 3대국 중 하나인 영국의 자발적인 탈퇴는 유럽연합에 큰 충격이었다. 브렉시트 국민투표 직후 EU는 반EU를 앞세운 극우 정당의 세력 대두를 크게 우려하였다. 이처럼 공동체를 탈퇴하려는 원심력이 강해지자 이를 제어하고자 EU는 회원국 간의 안보·국방협력을 한층 더 강화하는 항구적 안보·국방협력체제(PESCO, Permanent Structured Cooperation on Security and Defence)에 합의해 2018년부터 실행중이다. 아울러 EU는 자유무역과 다자주의 국제질서 유지에 한층 더 노력을 경주하고 있다.

♦ EU의 공동안보국방정책

　PESCO는 EU의 공동안보국방정책의 하나로 회원국들이 신무기와 군사 장비 개발에 공동투자하고 군사작전 역량 강화를 지원해 주는 것을 핵심으로 하고 있다. 집행위원회는 유럽방위기금(EDF, European Defense Fund)이라는 별도의 예산 항목을 만들어 PESCO를 지원한다. 회원국의 방위산업과 관련한 지원 기금 창설은 유럽통합 역사상 처음 있는 일이다. 덴마크와 몰타를 제외한 25개 EU 회원국이 항구적 안보·국방협력체제에 참여 중이며 군사훈련과 시설, 육상 무기체계, 해양, 항공시스템 등의 분야에서 2018년부터 수십여 개의 프로젝트가 진행 중이다.[15]

　기존의 국방과 방위 협력은 회원국의 권한이자 자국 우선 정책 때문에 협력이 매우 어려웠던 분야이다. PESCO는 법적으로 구속력을 가진 정책이며 참여 회원국들은 이를 준수해야 하고 집행위원회는 해마다 프로젝트 진행상황을 보고해야 한다. 안보와 국방 분야에서의 협력 강화가 2017년 11월에 합의된 것은 브렉시트에 대한 EU의 주요 정책 결정자들의 인식에서 그 해답을 찾을 수 있다. 그 해 130억 유로의 유럽방위기금을 승인하면서 유럽의회는 "이 분야의 통합을 강화해야만 유럽은 러시아의 위협이나 인근 중앙아시아 국가들의 혼란에서 오는 안보상의 위협, 그리고 브렉시트와 미국 트럼프 행정부의 예측 불가능한 외교안보정책에 공동 대응할 수 있다."

라고 밝혔다.[16] PESCO의 출범에는 브렉시트가 유럽 통합에 끼친 분열 가능성의 확대가 일정 부분 영향을 미쳤다고 할 수 있다. 영국에서 시작된 EU 탈퇴 움직임이 프랑스와 이탈리아 등 주변국으로 확대되자 EU는 통합의 모멘텀을 유지하고 연대 강화를 위해 PESCO 출범에 합의할 수 있었다.

영국 국민투표에서 브렉시트가 결정된 지 6개월 후, 2017년 1월 미국에서 트럼프 행정부가 출범했다. 트럼프 행정부는 출범 후 보호무역주의를 내세워 중국 및 EU와 통상 분쟁을 시작하였다. 세계화와 자유무역의 수혜자로 개방경제를 주창해왔던 EU는 보호무역 흐름의 저지나 최소화가 필요하였다. 자유무역과 다자주의 국제질서 유지 주창은 직접적으로 유럽 통합을 강화한 것은 아니다. 하지만 보호무역의 확산은 유럽 통합의 흐름을 되돌리며 극우 포퓰리스트 정당에게 힘을 실어줄 수 있는 큰 위협이기 때문에 EU는 이에 적극적으로 대응하였다. 자유무역과 다자주의 질서 유지 노력은 유럽 통합의 모멘텀을 유지하기 위한 방어 정책이다.

우선 EU는 자유무역협정[FTA] 합의와 추진에 적극적으로 나섰다. EU와 일본 간의 경제동반자협정[EPA]은 2019년 2월에 발효되었고, 이에 앞서 캐나다와의 포괄적 경제교역협정[CETA]도 2017년 9월 발효되었다. 아울러 EU는 호주 및 뉴질랜드와도 FTA 협상을 개시하였다. EU는 또 다자주의 자유무역 체제의 핵심인 세계무역기구[WTO]의 개혁과 기능 유지에 줄기차게 매진하였다. 미국은 WTO 분쟁해결기구에서 최종심 격인 상소기구^{Appellate Body}의 문제점을 지적하면서 임기가 끝난 위원의 재임용 절차를 개시하지 않았고, 이 때문에 2019년 12월 상소기구의 기능이 사실상 정지되었다.[17] 이후 EU는 한국과 중국, 브라질 등 16개국과 다자간 임시 항소협정에 관한 긴급조치에 합의했다. EU의 주도로 16개국은 임기 만료된 패널리스트를 활용해 이들에게 상소심을 맡기며 이들의 판결을 존중하기로 합의하였다.

트럼프 행정부 4년간 자유무역 체제는 크게 흔들렸다. 만약 EU 마저 이런 보호무역 흐름에 동참하였더라면 2차 대전 이후 유지되어 오던 다자간 국제무역질서는 심각하게 훼손되었을 수도 있다. 국제무역질서를 지키기 위한 EU의 노력은 유럽 통합의 모멘텀을 지속시키기 위한 것이었을 뿐만 아니라 국제 질서 붕괴의 위기를 최소화하고 차단하는 데 주력했다는 점에서도 의의를 찾을 수 있다.

◆ 극우 민족주의 세력 확대와 EU의 대응

포퓰리즘이라는 말은 아주 빈번하게 사용되어 왔으며 다양한 의미를 지닌 용어이다. 이 글에서는 포퓰리즘을 '사회를 인민과 엘리트라는 두 진영의 적대 구도로 파악하며 정치는 인민의 의사를 가능한 한 직접적으로 반영해야 한다고 주장하는 이념'으로 정의한

    EU에서 한반도의 미래를 찾다

다.[18] 기존의 지배층인 엘리트가 부패했기 때문에 인민의 의사를 대변하는 새로운 포퓰리스트 정치인이 나와 인민에게 직접 의사를 묻고 이런 정치를 이행해야 한다는 이념이다. 포퓰리즘은 본질상 어느 시대에나 있었지만 경제위기 등 특정 위기 상황에 포퓰리즘을 표방하는 정치 세력이 더 목소리를 높이고 세력을 확대하였다. 유럽 통합사에서 21세기 들어 극우 민족주의 포퓰리스트 세력의 등장도 위기와 매우 밀접하게 관련이 있다. 유로존 경제위기 이후 독일과 프랑스, 이탈리아와 스페인 등 주요 회원국에서 극우 정당이 의회에 진출했거나 세력을 크게 확대하였다.

2010년 경제위기가 유로존의 존립 자체를 뒤흔들 때 독일에서는 독일대안당AfD이 등장하였다. 2013년 창당된 이 정당은 반유로, 반이민(반이슬람)을 강령으로 앞세운 극우 포퓰리스트 정당이다. AfD는 2017년 9월 총선에서 12.6%의 지지율을 얻어 독일 역사상 최초로 연방하원에 진출한 극우 정당이 되었다. 물론 프랑스, 이탈리아, 영국, 스페인 등 당시 여러 EU 회원국에서 2010년 경제위기를 계기로 극우 정당들이 세력을 확대하였다.

그러나 2차 대전의 경험으로 독일에서 극우 정당이 의회에 진출하는 것은 매우 어려운 일이었다. 이와 같이 극우정당의 의회 진출이 매우 어려운 독일의 정치문화에서 독일의 극우 정당이 창당 4년 만에 하원에 진출한 것은 큰 충격이었다. AfD의 연방하원 진출은 무엇보다도 2015년 후반기 1백만 명 정도의 난민 신청자가 독일로 몰려들었던 것이 중요한 이유였다. 이 극우 정당은 대규모 난민 유입에 따른 시민들의 불만을 최대한 활용하면서 세력을 확장하였다.

독일과 함께 유럽 통합을 이끌어온 프랑스에서는 기존의 극우 정당 민족전선(FN, Front national)이 국민연합(RN, Rassemblement national)으로 개칭하며 세력을 확대하였다. RN의 당수 마린 르펜 Marine Le Pen은 2017년 5월 프랑스 대선에서 중도파의 에마뉘엘 마크롱과 결선 투표를 벌이기까지 하였다. 르펜 당수는 2016년 6월 브렉시트 국민투표 직후 "국민의 봄이 오고 있다."라며 EU가 앗아간 주권의 회복을 부르짖었다.[19] 르펜은 종종 프랑스의 EU 탈퇴까지 요구하였다.

2010년 유로존 경제위기 이후 극심한 경기침체에 시달린 이탈리아의 경우 반이민과 반EU를 앞세운 북부동맹이 2018년 3월 총선에서 지지율 3위의 정당으로 등극한 후 1위 정당과 함께 연립정부를 구성하였다. 이 역시 경제위기와 난민 신청자 급증에 지친 유권자들을 파고드는 전략이 성공한 사례다. 스페인에서도 2013년 창당된 극우 정당 복스Vox가 2019년 4월 총선에서 의회에 진출하였다. Vox도 반이민과 반유럽을 강령으로 내세웠고 보수 정당인 인민당의 일부가 탈퇴해 당을 창당하였다.

그러나 EU 주요 회원국에서 극우 포퓰리스트 정당의 세력 확대는 2020년 3월 코로나19의 확산으로 주춤해졌다. 2차 대전 후 사상 최악의 경제위기에 직면한 주요 회원국에서 시민들은 대체적으로 정부 여당의 위기 대응책을 지지하게 되었다. 또한 브렉시트 국민투표 후에도 영국이 EU 탈퇴 문제를 두고 극심한 국론 분열에 시달리자 이런 혼란상도 극우 정당의 세력을 주춤하게 만들었다. 결국 극우 포퓰리스트 정당 세력이 다소 약화된 것은 브렉시트를 둘러싼 혼란이 이들에게 반면교사가 되었고 코로나19 위기 극복을 위해 정부 여당을 중심으로 뭉치는 결집 효과를 만들어 냈기 때문이었다. 이외에 극우 정당의 세력 부상을 초래한 유로존 위기와 난민위기가 어느 정도 해소되었기 때문이기도 하다.

물론 EU 차원의 대응책도 나왔다. 프랑스의 마크롱 대통령은 '보호하는 유럽'이라는 슬로건을 내걸었다. 그는 유럽연합이 시장만 개방하고 자유무역을 외치는 것이 아니라 유럽적 가치와 규범을 확산하며 시민의 안전과 복지를 보호해 왔고 보호해야 한다는 점을 계속해서 강조하였다. 이러한 차원에서 프랑스와 네덜란드는 EU가 비회원국과 체결하는 FTA에서 공정무역을 관철시켜야 한다고 역설하였다. EU는 같은 맥락에서 통상감독관을 신설해 2020년 상반기부터 주요 교역 상대국의 공정무역도 감시하기 시작하였다.

2017년 초 미국에서 트럼프 행정부가 출범한 이후 국제사회의 리더십에 공백이 생겼다. 2차 대전 후 자유주의 국제질서를 만들고 주도해왔던 미국이 이 질서를 비판하고 점차 물러나자 EU는 부분적이라도 이를 메우는 전략을 실행해왔다. EU가 1970년부터 매 분기마다 시민들을 대상으로 실시해온 설문조사 '유로바로미터

Eurobarometer'에 따르면 EU 시민들도 EU의 국제적 역할 강화를 요구해 왔다. 미국의 최우선 동맹이었던 EU는 트럼프 정부 출범 이후 미국과는 다른 길을 선택하는 모습을 보였다. EU가 중요시하는 가치를 지키는 역할을 수행하겠다는 의지를 보여주는 것이었다. 2021년 2월에 출간된 유로바로미터 설문조사에 따르면 시민들의 EU 신뢰도가 2008년 이후 49%로 최고치를 기록하였다. 반면에 시민들의 정부 신뢰도는 36%로 양자 격차가 크게 벌어졌다. 그만큼 EU 시민들은 불확실성이 크고 회원국의 독자적인 문제 해결이 어려운 분야일수록 EU 차원의 협력을 적극적으로 지지하는 모습을 보였다.

07

제도화된 대화와
협상의 메커니즘

유럽 통합은 2차 대전 후 서유럽 국가들이 중심이 되어 미국의 후원 아래 본격적으로 전개되었다. 통합의 근본 동인 중 하나는 바로 평화 정착이다. 유럽 국가들 간에 더는 전쟁이 없어야 경제도 번영할 수 있고, 전후 변방으로 하락한 국제정치에서 위상도 다시 확립할 수 있기 때문이다. 1, 2차 세계대전의 전력前歷 때문에 평화 교란자가 된 독일을 제어할 기제가 필요했기에, 2차 대전 후 미국은 하나의 유럽세력이 되어 유럽에 대규모 군을 주둔시켰고 서유럽 국가 간의 통합을 지지하였다.

이런 배경에서 독일과 프랑스는 국익을 바탕으로 통합을 주도하였다. 프랑스는 유럽 통합 정책을 하나의 세계 전략으로 활용하였다. 2차 대전 후 형성된 미소 간의 냉전체제 속에서 프랑스는 강대국이 아니었다. 따라서 프랑스는 유럽 통합을 주도해야 유럽의 지도국임을 자처할 수 있었다. 전범국가의 이미지를 상쇄하기 위해 독일은 유럽 통합에 적극적으로 참여해 국제사회의 신뢰를 다시 얻고 통합의 진전으로 경제·정치·외교적 실익을 누릴 수 있었다. 대외 의존도가 높은 독일 경제의 특성상 역내 수출로 경제가 번창했고 EU의 공동외교정책을 통해 국제사회의 주요 문제에 공동 대응할 수 있었다.

평화 정착이라는 통합의 핵심적인 동인을 위해 가시적으로 성과를 보여줄 수 있는 경제가 통합의 수단으로 사용되었다. 시장을 개방하고 관세뿐만 아니라 상이한 기술표준 등과 같은 비관세장벽도 단계적으로 철폐하고 조정함으로써 EU 27개 회원국 간에는 상품과 서비스, 자본과 노동이 자유롭게 이동하는 단일시장이 형성되었다. 19개 회원국은 자국 화폐를 포기하고 단일화폐인 유로화를 채택하였다. 세계 그 어느 지역도 EU처럼 높은 수준의 통합을 이룩하지 못하였다. 유럽 통합은 단순한 경제적 실험이 아니다. 유럽이 처했던 역사적 맥락 속에서 국제정치(예: 미국의 관여)와 회원국의 국내정치(예: 독일과 프랑스의 화해와 통합의 리더십 행사)가 서로 긴밀하게 작용하면서 현재의 유럽 통합을 형성해 왔다.

장 모네는 "사람 없이는 아무 것도 가능하지 않고 제도 없이는 아무 것도 지속될 수 없다."라고 말했다. 이런 시각에서 그는 초국가주의를 바탕으로 한 ECSC 설립을 제안하였다. 이런 초국가주의는 현재 EU의 행정부 역할을 하는 집행위원회나 유로존의 중앙은행인 유럽중앙은행과 같은 기구에 그대로 남아 있다.

　제도는 보통 거래비용을 획기적으로 낮추어 준다. 제도는 여러 규칙으로 이루어져 있고 제도 참여자들은 이를 준수하며 그 틀 안에서 대화하고 협상한다. 또 제도 자체가 유기적으로 성장하면서 협력을 유도한다. 집행위원회는 회원국이 아니라 EU의 이익을 대변한다. 회원국이 EU 조약이나 규정을 위반하면 집행위원회가 이의 시정을 요구하고 회원국이 수용하지 않으면 EU 법원에 제소한다. 유럽 통합의 과정에서 이와 같은 초국가기구들이 만들어졌고, 그들의 역할은 점차 확대되었다.

　유럽 통합의 과정에서 회원국들이 위기를 극복할 수 있었던 것은 제도를 통한 대화와 협상의 메커니즘이 계속해서 작동해왔기 때문이다. 회원국 수반들의 모임인 유럽이사회는 원래 정식 기구가 아니었다. 1970년대 유럽경제공동체 회원국들은 심각한 경제위기를 겪고 있었다. 이 때문에 당시 각국 수반들은 수시로 만나 유럽 차원의 공동 대응을 모색했고 이 과정에서 유럽이사회가 정식 기구(제도)로 정착했다. 유럽이사회는 최소 일 년에 두 번 소집된다고 조약에 규정하였지만, 적어도 4회 정도 회원국 정상들의 만남이 개최된다. 회원국 장관들의 모임인 각료이사회는 이보다 훨씬 더 빈번하게 소집된다. 외무장관이나 재무장관, 경제장관들이 수시로 만나 유럽 차원의 현안과 공동대응을 논의한다. 유로존 경제위기 당시 회원국 재무장관들은 한 달에 몇 차례씩 만나곤 했으며 밤늦게까지 전화 회담도 빈번하게 이루어졌다.

유럽이사회는 트럼프 대통령 당시 미국의 보호무역주의나 중국의 홍콩 탄압 등과 같은 국제사회의 큰 현안에 대해 '유럽'의 목소리를 낸다. 또 회원국 정상들이 통합으로 나아갈 방향이나 가이드라인 등도 제시한다. 각료이사회는 이런 지침이나 가이드라인을 받아 조약 개정 등을 논의한다.

1990년대 영국의 외무장관을 지냈던 더글러스 허드Douglas Hurd는 회원국 외무장관들을 자국의 다른 장관들보다 훨씬 더 자주 만났다고 말하였다. 또한 현안이 발생할 때마다 수시로 전화로 대화하며 의견을 조율했다고 밝혔다.

EU는 북한의 비핵화를 촉구하며 2010년부터 대북 제재를 부과해왔다. 회원국 모두 북한에 대해 동일한 정책을 실행해왔다. 이런 합의 역시 각료이사회를 통한 수많은 접촉과 대화로 가능하였다. 유럽 통합은 위기를 극복하면서 진전되어 왔는데 위기 때마다 회원국들은 다양한 제도를 적극적으로 활용하면서 공동 대응책을 모색할 수 있었다.

제도의 신설뿐만 아니라 제도화의 정도도 심화하였다. 외교 안보 분야의 경우에는 회원국들이 거부권을 행사할 수 있지만 나머지 각료이사회(재무장관이나 환경장관들의 모임 등)는 정책 결정이 대개 다수결로 이루어진다. 특정 회원국이 탐탁지 않게 여기는 정책이라도 각료이사회에서 결정되고 유럽의회에서 통과된다면 공동정책이 되고 회원국들은 이를 실행해야 한다. 유럽 통합 과정은 통합이 심화되어

가면서 더 많은 분야에서 의사결정이 다수결 방식으로 전환되었다. 통합 초창기 만장일치에서 점차 다수결제로의 전환은 협상의 메커니즘이 정착되었다는 의미로 받아들일 수 있다.

08

단계적인
통합의 진전과 심화

앞서 강조한 바와 같이 유럽 통합 과정은 위기로 점철되어 있었다. 그리고 위기를 극복하는 과정에서 통합이 진전되어 나아갔다. 통합의 분야가 확대되었고 각 분야의 통합도 더 심화되었다. 통합은 주로 점진·단계적으로 이루어진 것이 특징이다.

앞에서 설명한 유로존 경제위기 극복책 가운데 은행동맹의 결성 과정에서 이 점이 분명하게 드러난다. 항구적인 구제금융기구 유럽 안정메커니즘^{ESM}의 창설이나 EU 금융감독기관의 설립과 운영은 각각 2012년과 2014년부터 시행되었다. 그러나 금융기관의 도산에 따라 예금자의 손실을 EU 차원에서 공동으로 보전해주는 단일예금보험은 2026년부터 시행될 예정이다. 회원국에 따라 예금 보장 액수의 상한선과 절차가 매우 다르다. 이런 상이한 과정을 조화시키는 데 꽤 많은 시간이 소요된다. 또 예금자 손실을 EU가 보장해주려면 EU 예산의 증액도 필요하기에 회원국 간의 협상과 합의가 필요하

다. 이 예금 보장 제도가 도입되면 EU의 재정통합은 한 층 더 진전
될 것이다.

유로존 경제위기 당시 많은 전문가가 통화정책과 재정정책의 분
리라는 제도적 설계의 한계로 유로존이 붕괴할 가능성이 높다고 분
석했다. 가장 대표적인 인물이 2001년 노벨 경제학상을 수상한 미
국의 조지프 스티글리츠 Joseph E. Stiglitz 교수다. 그는 유로존 위기를 분
석한 자신의 저서[20]에서 '통화정책은 유럽중앙은행이 수행하지만,
재정정책은 거의 대부분 개별 회원국이 정책 권한을 보유하고 있으
며, 위기 발생시 두 정책은 긴밀하게 조율되고 동시에 적극 집행되
어야 하지만, 유로존 위기 때는 그러지 못했음'을 지적했다. 유럽중
앙은행은 위기 초기부터 적극적인 정책 시행에 나섰으나 회원국들
의 공동대응은 위기의 근본 원인에 대한 큰 시각차, 그리고 가장 큰
경제적 부담을 짊어져야 할 독일의 국내정치적 어려움 때문에 매우
늦게 이루어졌다.

그러나 스티글리츠를 비롯한 전문가들은 유럽 통합의 근본적인
동인이 평화 정착이라는 점을 경시하였다. 단일화폐인 유로화도 독
일 통일과 냉전 해체라는 거대한 지정학적인 변화에 대한 EU의 공
동 대응에서 나왔다. 경제학자들이 지적하듯이 당시 유로화는 단일
화폐 출범에 필요한 경제 조건이 갖춰지지 않은 채 출범했기에 당
연히 유로존은 위기에 취약할 수밖에 없었다.[21] 하지만 평화 정착이
라는 근본 동인을 독일이나 프랑스 등의 주요국 지도자들은 잊지

않았고 유로존은 위기에 직면해서 이런 결함을 단계적으로 조금씩 수정해 나갔다.

EU의 공동외교안보정책도 국제정치적인 큰 격변 속에서 회원국들이 공동 대응을 모색하면서 단계적으로 심화되었다. 회원국들은 1970년부터 국제 사회의 주요 외교 문제에 대해 한 목소리로 말하는 유럽정치협력(EPC, European Political Cooperation)을 운영해왔다. 외교부 정책국장들이 수시로 만났고 외무장관들도 종종 만나 국제 사회에서 유럽의 목소리를 냈다. 그러나 이 제도는 조약이 아닌 회원국 간의 합의로 운영되었다. 1986년 단일유럽의정서에 EPC가 처음으로 조약 속에서 언급되었으나 계속해서 공동체의 정책결정 과정 밖에 있었다. 이후 1993년 유럽연합조약에서 EPC는 공동외교안보정책으로 변화하였다. 외교안보 분야에서의 점진적 통합은 회원국들이 국제 분쟁 발생 시 자국의 입장뿐만 아니라 회원국의 입장도 고려해 서로 조정하는 것을 당연하게 여기게 되었다.[22]

이런 발전과정의 토대 위에서 유럽연합조약은 공동외교안보정책 관련 조항을 명문화할 수 있었다. 공동외교안보정책은 EPC 명의로 발표된 각종 성명서 등을 모두 수용하였다. EU 가입을 희망하는 국가들은 EU가 제정한 조약과 규정뿐만 아니라 이런 외교 성명서 등도 모두 받아들여야 한다. 유럽정치협력이 주로 공동 입장에 그쳤다면 공동외교안보정책의 경우 공동정책이 추가되었고 관련 협력도 조금 더 강화되었다. 이 정책은 2000년대 들어 더 확대되어 현재는 유럽안보방위정책도 운영 중이다.

이처럼 평화 유지를 목적으로 하고 경제를 수단으로 삼아 진전된 유럽 통합이 점차 외교안보 분야까지 확대되고 있다. 평화 유지를 근간으로 국제정치경제에서 유럽의 목소리를 내고 공동 정책을 실행하며 이를 확대하려면 외교안보 분야의 협력도 당연히 필요하기 때문이다. 물론 외교안보 분야는 아직도 회원국들이 거부권을 행사할 수 있기에 경제 분야의 통합과 비교해 통합의 정도가 높지 않다. 하지만 국가 주권의 핵심 중의 핵심인 외교안보 분야의 공동 대응 모색은 다른 지역의 통합과 비교해 볼 때 큰 진전이다.

미국과 중국의 패권경쟁이 날로 치열해지는 상황에서 EU는 앞으로도 계속해서 국제무대에서 EU의 역할을 확대하려 할 것이다. 통합이 대내외 위기를 극복하는 과정으로 점철되었듯이, EU는 앞으로도 미중의 패권경쟁이 야기하는 여러 위기에 공동 대응해나가면서 통합에 한 걸음 더 나아가는 모습을 보일 것이다.

주

1 Dinan, D. (1999), Ever Closer Union. London:Lynne Rienner, p. 129.

2 안병억(2015), '유럽 통합에서의 독일 문제,'《독일연구》29(1), pp. 29-52.

3 Joffe, Josef(1984), "Europe's American Pacifier." Foreign Policy, 54(1), pp. 64-82.

4 '미국과 유럽 공동체 관계에 대한 선언'은 일반적으로 '대서양 관계 선언(The Transatlantic Declaration)'으로 통칭된다.

5 Berend I. (2006) An Economic History of 20th-Century Europe, 이헌대·김흥종 옮김,《20세기 유럽경제사》, pp. 52-54.

6 Jenkins, Roy(1992), European Diary, 1977-1981 London:Bloomsbury, pp. 77-82.

7 Schmidt, Helmut(2011), Menschen und Mächte, Berlin:Pantheon Verlag, pp. 251-254.

8 Tsoukalis, L. (1993). *The New European Economy: The Politics and Economics of Integration.* 2nd Revised Edition Oxford: Oxford University Press, pp. 37-40.

9 Wolf, Martin(2014), "The Shifts and the Shocks: What We've Learned--and Have Still to Learn--from the Financial Crisis," London:Penguin Books, pp. 110-120.

10 Weidmann, Jens. "Zur Verantwortung Deutschlands als Stabilitätsanker in der Europäischen Währungsunion."
http://www.bundesbank.de/Redaktion/DE/Downloads/Presse/Reden/2011/2011_11_22_weidmann_deutschland_stabilitaetsanker_ewu.pdf?__blob=publicationFile (2021.7.10. 검색).

11 Wolf, Martin(2014), pp. 203-220.

12 European Commission(2021) Spring 2021 Economic Forecast: Rolling up sleeves Brussels.

13 Darvas, Z., J. Scott and A. Tzaras (2021) 'Will European Union recovery spending be enough to fill digital investment gaps?' Bruegel Blog, 20 July

14 Darvas, Z., J. Scott and A. Tzaras (2021).

15 도종윤, 'EU 상설구조적협력(PESCO)의 내용과 과제 : 동북아 지역주의 형성과 다자 안보 협력에 주는 시사점(2019)',《제주평화연구원 JPI 정책포럼》No. 2019-01, pp. 1-17.

16 Biscop, S.(2018), "European defence: give PESCO a chance," Survival, 60(3), pp. 161-180. politico.eu(2018), "EU, founded as project of peace, plans military future,"

https://www.politico.eu/article/eu-founded-as-project-of-peace-debates-a-militarized-future-nato-european-defense-fund-russia/ (2021년 8월 9일 검색).

17 Financial Times, "Brussels builds alliance to bypass US block on WTO judges," (24 January, 2020).

18 정병기(2020), '포퓰리즘의 개념과 유형 및 역사적 변화 : 고전 포퓰리즘에서 포스트포퓰리즘까지', 《한국정치학회보》 54(1), pp. 91-110.

19 New York Times, 'Marine Le Pen: After Brexit, People's Spring is Inevitable,' 28 June 2016.
https://www.nytimes.com/2016/06/28/opinion/marine-le-pen-after-brexit-the-peoples-spring-is-inevitable.html

20 Stiglitz, Joseph(2016), The Euro, How a Common Currency Threatens the Future of Europe, New York: W. W. Norton.

21 Feldstein, Martin(2011), 'The Failure of the Euro'. Foreign Affairs. 91(1), pp. 105-116; (1997), 'The Political Economy of European Economic and Monetary Union: Political Sources of an Economic Liability', Journal of Economic Perspectives. 11(4), pp. 23-42.; (1997), 'EMU and International Conflict'. Foreign Affairs. 76(6), pp. 4-16.

22 Nuttall, Simon(2000), European Foreign Policy, Oxford: Oxford University Press.

제3장

한반도 경제공동체 모델 발굴을 위한 유럽 경제통합 사례

윤성욱 (한반도 평화친선대사, 충북대학교 정치외교학과 교수)
김유정 (경상국립대학교 강사)

남 북 간 경제적 격차가 상당히 크다는 점을 고려할 때, 향후 남북 경제협력의 심화 과정에서 남북 간 격차 해소를 위한 정책 수립에 유럽의 지역정책 사례는 좋은 참고 자료가 될 수 있다. 무엇보다도 유럽 통합 과정에서 국가 간, 그리고 지역 간 격차가 결속력을 약화시키고 통합에 저해가 될 수 있었다는 사실은 한반도 차원에서도 결속정책의 추진이 필요함을 입증하고 있다. 이에 한반도 차원에서 어떻게 결속정책을 추진해 나갈 것인지, 그리고 정책 수행을 위한 기금 형성, 기금 조달 방식 및 배분 방식 등도 남북이 향후 풀어 나가야 할 문제들이 될 것으로 보인다. 이런 점에서 EU의 지역 정책 경험은 남북 모두에게 훌륭한 교훈이 될 수밖에 없다.

01

한반도는 유럽이 아니다: 유럽 통합 '모델'이 아닌 '경험'이 중요

한반도의 통일을 얘기할 때 가장 일반적으로 참고하는 사례는 독일의 통일 경험이다. 그리고 점차 EU에 대한 관심이 높아지고 중요성을 인식하기 시작하면서 남북 통합의 모델로 유럽 통합을 주목하기 시작하였다. 특히 유럽의 경제통합 사례를 참고하여 한반도에서도 남북 단일시장 설립이나 단일 통화의 도입 필요성과 방안이 제시되기도 한다.

남북한 단일시장의 설립은 경제적 측면에서도, 그리고 최종적으로 통일이라는 목표를 위해서도 필요한 과정임에 틀림없다. 그러나 다른 한편으로 1950년대에 시작한 유럽 통합이 그 초기부터 단일시장 설립을 강조하였으나 최종적으로 완성된 것은 40여 년이 지난 1993년이다. 높은 수준의 통합이 이루어진 것은 사실이지만, 한 국가의 시장 같이 완벽한 수준의 단일시장이 되기 위해서는 아직도 극복해야 할 장애물들, 예를 들어 국가별로 다른 세금 제도 등의 재정적 장벽이나 비관세장벽 등의 기술적 장벽이 남아 있다.

유럽 통합의 과정에서 단일시장 설립이 오랜 시간이 걸렸다고 해서 남북 단일시장 설립도 오래 걸린다는 의미는 아니다. 단일시장 설립을 통해 상품, 서비스, 자본, 그리고 사람의 자유로운 이동이 보장되어야 한다면 과연 이 문제는 어떻게 해결해야 할까? 북한에서 만든 전자제품이 남한에서 유통된다고 가정해보자. 만약 북한산 전자제품이 남한의 안전기준에 적합하지 않다면 어떻게 할 것인가? 그 반대로 남한 제품이 북한의 기준에 적합하지 않아 반입이 허용되지 않는다면 다른 나라에 수출하는 것과 같이 북한 기준에 부합하게 제품을 만들어 판매할 것인가? 그렇다면 이는 단일시장이라고 부를 수 없다.

유럽 통합의 출발점에 유럽석탄철강공동체[ECSC]가 있었다면, 남북 경제협력의 대표적 모델은 개성공단을 꼽을 수 있다. 2000년 개성공단 건설에 대한 합의 이후 2016년 가동이 전면 중단될 때까지 개성공단은 자체의 문제가 아닌 다양한 외부 요소들, 예를 들어 남북관계의 변화, 정권의 변화, 국제정세의 변화 등에 의해 가동 중단과 재개를 반복해 왔다. 그러나 전범국이었던 독일까지 포함하여 설립되었던 ECSC는 성공적으로 운영되어 유럽 통합의 토대를 닦았다고 평가받는다. 만약 ECSC가 성공적으로 운영되지 못하였거나, 당시 회원국 간 갈등과 반목으로 운영이 중단되는 사태가 발생하였다면 지금의 유럽 통합은 현실화되지 못하였을 것이다.

여기서 우리가 주목할 부분은 '왜 ECSC는 성공적으로 운영되었는가'이지, 남북도 석탄철강공동체를 설립해야 한다는 점이 아니다. 이러한 점에서 유럽 통합의 단순한 모방이 아니라 유럽 통합의 경험을 통해 한반도 경제공동체 모델을 새롭게 발굴할 필요가 있다. '개성공단은 주변 환경에 영향을 받아 지속적으로 운영되지 못하였는데, 어떻게 ECSC는 회원국 간 갈등과 개입을 극복하였을까?'라는 문제만 놓고 보더라도 지속 가능한 남북 경제협력을 위해 어떤 부분을 고려해야 하는지 유추해볼 수 있다.

유럽 통합을 시작하면서 왜 석탄과 철강이라는 자원을 선택했는지를 알아보는 것도 필요하다. 물론 다른 분야에서도 유럽 통합의 경험은 남북 경제통합을 준비해 나가는 데 많은 교훈을 줄 수 있다. 서로 다른 제도, 규정 및 기술 표준 등을 어떻게 조화시켜 나갔는지, 단일시장을 추진하는 데 있어 장벽들은 어떻게 제거했는지, 회원국 간 또는 지역 간 격차를 어떻게 해소했는지, 민족국가들로 구성된 유럽 공동체에서 '유럽인 European'이라는 정체성은 어떻게 형성하였고, 이를 통해 어떻게 결속력을 강화해 나갔는지 등이 중점적으로 논의될 수 있다.

그러나 무엇보다도 중요한 점은 유럽 통합의 궁극적 목표는 전쟁 종식과 항구적 평화 정착이라는 사실이다. 유럽 통합이 시작된 이후 70여 년간 유럽 대륙에서 전쟁이 없었다. 이는 역사상 처음 있는 일이다. 이러한 관점에서만 놓고 보더라도 유럽 통합은 가장 중요한 목표를 현재까지 달성한 상황이다. 마찬가지로 남북 경제공동체 또는 경제통합의 첫 번째 목표도 한반도에서 평화를 구축하는 것이다. 한반도 평화 구축이라는 근본적인 목표가 달성되어야 남북 경제통합을 통해 다양한 이익도 추구할 수 있다. 여기서 발생하는 이익도 남북 중 어느 한쪽에 치우치는 것이 아니라 모두에게 돌아갈 수 있는 방안을 강구해야 한다.

02

한반도 특수 상황을 고려한 유럽 통합 모델 활용

1980년대 후반 이후 냉전 종식으로 대표되는 국제정세의 변화는 EU 회원국 확대와도 연결된다. 이 시기 EU는 10개 국가가 동시에 가입함으로써 EU의 확대를 가져왔다. 이 국가들은 중동부 유럽에 위치하고 있으며 소련 붕괴 이후 정치 및 경제체제를 전환한 국가들이었다. 이 국면에서 EU는 '코펜하겐 기준'을 제정하여, EU 회원국이 되기 위한 조건을 명확히 규정하였다. 그 조건들은 EU가 지향하는 보편적 가치들을 준수해야 한다는 것이다. 대표적으로 민주주의, 인권 존중, 평등 및 법의 지배, 소수민족의 보호, 그리고 시장경제 등이다. 결국 EU 회원국들은 기본적으로 민주주의와 시장경제 체제라는 의미이다. 비록 회원국 간 경제 격차가 큰 경우도 있지만, 이러한 기본적 가치를 공유하고 있어 통합 논의가 진행될 수 있었다.

그러나 한반도의 상황은 유럽의 그것과는 사뭇 다르다. 남한과 북한은 정치 및 경제 체제가 상이할 뿐만 아니라, 오랜 분단과 교류 단절로 인한 사회·문화적 차이, 그리고 경제적 격차 등 유럽 통합의 상황과 확연히 다른 한반도만의 특수한 상황에 놓여 있다. 이러한 남북의 차이 외에 한반도는 북한의 핵문제를 중심으로 긴장이 지속되고 있다. 북핵 문제를 중심으로 하는 한반도 긴장 상황은 사실상 남북의 경제협력에 가장 큰 걸림돌이 되고 있다. 더 심각한 부분은 북핵 문제가 더는 남북한만의 문제가 아니라는 점이다. 북핵 문제는 이미 국제화되어 UN을 비롯한 국제기구와 한반도 문제에 깊숙이 관여해 오고 있는 미국, 중국, 러시아, 일본 등 이해 당사국들과도 협의가 필요해졌다.

우리는 남북통일을 일종의 사명감처럼 여겨왔다. 그리고 통일 달성을 위한 다양한 방안이 분단 이후 끊임없이 논의되어 왔다. 이런 상황은 북한도 마찬가지이다. 북한 역시 한반도의 통일을 강조해 왔다. 냉정하게 현실을 반영해 남북 양측의 통일 주장을 평가해 보면 각자의 방식대로 통일을 추진하는 것은 양측의 갈등을 의미한다. 갈등이 심화되면 또 다시 민족 간 전쟁으로 확대될 가능성이 있다. 이러한 가능성에 대한 근본적 원인은 남북 간 체제의 상이성에 있다. 당연히 남북 양측은 자신의 체제에 기반을 둔 통일을 원할 것이고, 다른 쪽의 체제를 수용하는 통일 방안은 결코 받아들일 수 없기 때문이다.

우리는 유럽 통합 과정을 통해서 정치 및 경제 체제는 물론 다양

   EU에서 한반도의 미래를 찾다

한 가치와 종교까지 공유하고 있는 국가들이 완전한 통합에 도달하는 것도 결코 쉽지 않음을 보았다. 유럽 통합의 선구자들이 주장하기도 했고 유럽 대륙에 완전한 평화 정착을 위해서, 그리고 통합의 과정에서 나왔던 다양한 위기 상황들을 경험하면서 회원국들은 완전한 통합, 즉 통합의 심화가 필요하다는 점을 인식하고 있었다. 그런데도 민감한 영역에서, 특히 상위 정치에 해당되는 영역에서의 통합은 큰 성과를 내지 못하고 있다.

하물며 민족적 동질성 외에 거의 공통점을 찾을 수 없는 남과 북이 완전한 통합, 나아가 통일이라는 과업을 빠른 시일 내에 달성하는 것은 현실적으로 불가능에 가깝다. 설령 통일이 달성되었다 하더라도 엄청난 혼란과 함께 정치, 경제, 그리고 사회적 불안정 속에 빠질 가능성도 있다. 오히려 우리가 통일을 통해 원했던 것들을 얻기는커녕 통일로 인한 다양한 부작용에 직면할 수도 있다.

이러한 논의가 '통일은 필요 없거나 해서는 안 된다'는 식으로 오인되어서는 안 된다. 통일은 민족의 염원이고 한반도의 평화와 번영을 위해 우리가 이루어야 할 목표이다. 그러나 급작스런 통일의 추진이 아닌, 통일이라는 목표를 달성하기 위한 과정으로서 남북의 유대감 형성, 상생 발전, 결속력 강화 등을 통한 지속 가능한 협력이 이루어져야 하며, 이는 통일에 대한 희망을 더욱 구체화·현실화시키는 디딤돌이 될 것이다.

◆ 통일로 나아가기 위한 남북의 경제통합

통일로 나아가기 위한 디딤돌에는 여러 방안이 있을 수 있다. 유럽 통합의 경험이 보여주듯이 남북의 경제협력이 가장 현실적인 방안이다. 그러나 지금까지 남북이 진행해온 협력 수준에 머물러서는 안 된다는 점을 명심해야 한다. 어떠한 대내외적 변수에도 영향을 받지 않는 지속 가능한 협력, 그리고 단순히 협력에 머물지 않는 경제 통합의 수순이 필요하다. 이렇게 되어야만 체제를 비롯한 다양한 분야에서의 차이를 뛰어넘어 남북의 결속력과 유대감이 강화될 수 있다.

'다양성 속의 조화United in Diversity'[1]는 2000년부터 사용되기 시작한 유럽연합의 모토이다. 현재 27개 회원국으로 구성된 EU는 국가별 언어, 민족, 문화, 전통 등이 다르지만 이러한 다름이 야기할 수 있는 갈등과 분열을 조화로 승화시켜 평화와 번영을 위해 같이 나아간다는 의도를 이 모토에 담고 있다. 남북한의 경우 다양성이라기보다는 '다름을 인정하는 조화United with Difference'의 원칙에서 통합을 이루어나갈 필요가 있다.

그러나 단순한 경제협력을 넘어 경제통합의 방향으로 나아가는 과정에서 또 다른 장벽에 부딪힐 수밖에 없다. 유럽 통합은 공동의 목표를 위해 개별 주권국가들이 자국의 권한을 포기하며 실현시킨 산물이다. 그렇다면 대한민국과 조선민주주의인민공화국은 개별적

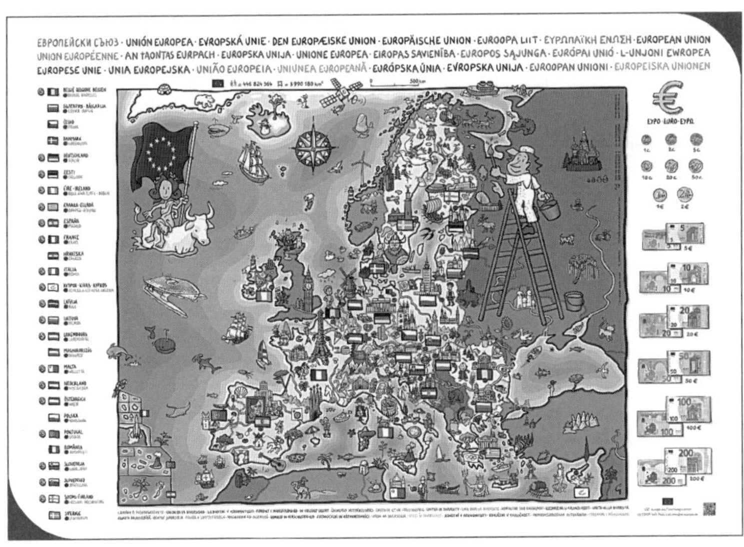

유럽연합이 아이들 교육용으로 만든 자료로서 EU 개별 회원국의 다양한 언어, 특징과 전통을 소개하고 있다. 특히 유로 동전에는 유로존의 개별 국가의 상징이 표시되어 있다. 이를 통해 다양성이 EU라는 형태로 조화되고 있음을 보여주고 있다.

*출처: European Commission

인 주권국가로 볼 수 있을까? 결론적으로 남북관계는 일종의 특수관계라고 결론내릴 수 있다. 「남북관계 발전에 관한 법률」에 따르면 북한은 통일을 지향해야 하는 대상이다. 특히 「대한민국 헌법」 제3조에는 '대한민국의 영토는 한반도와 그 부속 도서로 한다.'라는 조항이 있고, 이에 따르면 북한은 별도의 국가로 인정되지 않는다.

그러나 다른 한편으로 2021년은 남북한이 UN에 동시 가입한지 30주년이 되는 해이다. 남북의 UN 분리 가입을 줄기차게 반대해왔던 북한이 동시·분리 가입을 받아들인 배경에는 당시 한국의 소련

및 중국과의 수교 등에 따른 북한이 직면한 정세의 전환 등이 원인
이었다. 그러나 남북의 UN 동시·분리 가입의 가장 큰 의미는 한반
도에 두 개의 주권국가가 존재하고 있다는 국제사회의 공인이다. 한
편으로는 한반도에 대한 국제사회와 국제법적 해석은 두 개의 주권
국가의 존재를 인정하지만, 국내에서 남북을 두 개의 국가로 인정하
는 문제는 여전히 학문적, 그리고 사회적 논란의 소지가 있는 것도
사실이다. 그러나 이러한 논란에 매몰되어 버리면 경제통합은 시작
될 수도 없고, 시작되더라도 목표와 방향성을 설정할 수 없게 된다.

　이러한 관점에서 현실을 직시하는 인식의 전환이 필요하다. 즉,
한반도 경제통합을 위해 한반도가 '현실적으로 1민족 2국가 2체제'
라는 점을 인식할 필요가 있다. 남북 어느 한쪽의 경제 체제를 기준
으로 통합한다는 것은 흡수 통합을 의미한다. 흡수 통합은 현실성이
높지 않을 뿐만 아니라 상당한 혼란과 부작용을 초래할 수 있다. 서
로 다르다는 점을 인정한 상태에서 경쟁적 구도가 아닌 협력적 구
도의 '1시장 체제'로 만들어 나갈 필요가 있다. 협력적 구도의 단일
시장을 만들어 나가는 데 있어 유럽의 단일시장 완성의 경험이 상
당히 많은 교훈을 제시해줄 수 있다. 다양한 부분에서 차이를 가지
고 있는 남북 간의 경제통합을 위해서는 필수적이면서 남북 모두에
게 이익을 가져다줄 수 있는 분야에 우선적으로 집중할 필요가 있
다. 이를 시작으로 단계적 통합의 방향으로 확대해 나가는 방안을
모색해야 한다.

　　　　　　　　　　　　EU에서 한반도의 미래를 찾다

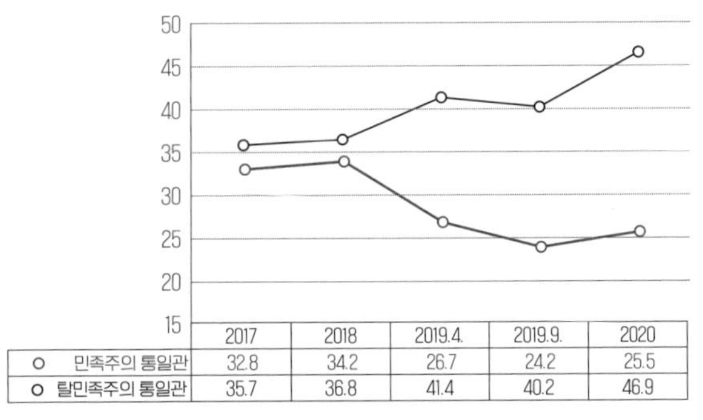

	2017	2018	2019.4.	2019.9.	2020
○ 민족주의 통일관	32.8	34.2	26.7	24.2	25.5
○ 탈민족주의 통일관	35.7	36.8	41.4	40.2	46.9

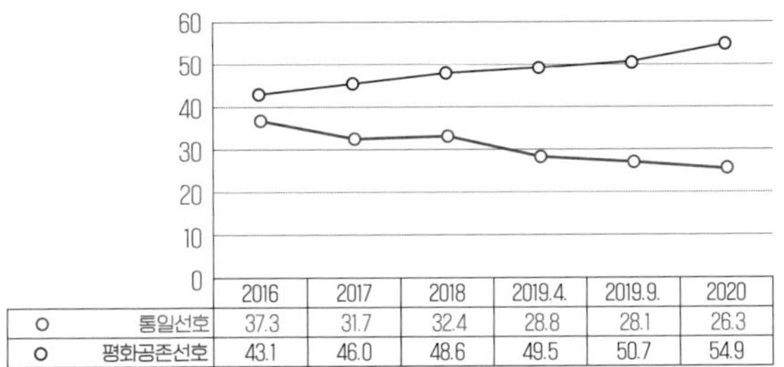

	2016	2017	2018	2019.4.	2019.9.	2020
○ 통일선호	37.3	31.7	32.4	28.8	28.1	26.3
○ 평화공존선호	43.1	46.0	48.6	49.5	50.7	54.9

통일연구원의 통일에 대한 의식조사 보고서에 따르면 남북이 한민족이라고 해서 반드시 하나의 국가를 이룰 필요는 없다는 '탈민족주의 통일관'을 선호하는 비율이 지속적으로 상승하고 있다. 이와 같은 맥락으로 통일을 선호하는 비율은 지속적으로 하락하고 있으나 평화공존을 선호하는 비율은 상승하고 있음을 알 수 있다.
*출처: 통일연구원 (2020년 12월)

물론 한반도의 항구적 평화 정착이 남북 경제통합의 근본적 목표임은 불변의 사실이다. 남북통일을 통한 한반도의 평화 구축이 기존의 패러다임이었다면, 평화를 구축하고 분위기가 무르익었을 때 통일의 길로 나아갈 수 있다는 사고의 전환이 필요한 시점이다. 이러한 전환이 필요한 이유는 '남북통일'과 관련한 다양한 설문조사 결과에서도 알 수 있다. 2020년 2030세대를 중심으로 하는 젊은 세대들의 통일에 대한 인식 조사에서 20대와 30대는 각각 35.3%

와 30.8%가 통일을 부정적으로 인식하고 있다고 답하였다.[2]

통일연구원의 2020년 통일의식조사 보고서에 소개된 위의 두 그래프에서 2018년을 기점으로 민족주의 통일관과 통일선호 비중이 소폭 상승한 이유는 2018년 개최된 남북정상회담의 영향으로 볼 수 있다. 이 보고서는 탈민족주의 통일관은 586세대를 포함하여 특히 IMF 세대와 밀레니얼 세대에서 상대적으로 높게 나타나며, 전쟁 경험 세대에서조차 통일 선호보다 평화공존 선호가 높음을 보여주고 있다.[3]

즉 평화공존 선호는 전 세대에 걸친 일반적 경향으로 자리를 잡아가고 있으며, 민족주의 통일관은 젊은 세대를 중심으로 설득력을 잃어가고 있다. 이러한 결과를 바탕으로 이 책은 새로운 통일의 개념을 정립하고 이에 대한 국민적 공감대를 형성할 시점임을 강조한다.[4]

♦ 한반도의 특수성을 고려한 평화 공존의 항구적 정착

통일연구원의 보고서는 또한 2015년 이후 2020년까지 우리 국민은 남북 경제교류와 협력에 긍정적 입장을 보이고 있으며, 남북관계의 경색 국면에서도 경제협력 추진은 긍정적으로 받아들일 수 있다고 평가하고 있다. 물론 우리 내부적인 갈등, 소위 남남 갈등이 발생할 여지도 있다. 이는 어디까지나 남북관계의 개선과 남북 경제협력을 일종의 선순환 구조, 다시 말해 남북관계가 개선되어야 경제협력이 활발하게 진행될 수 있다는 논리로 이해하기 때문이다. 또는 남북 경제협력의 조건으로 남북관계의 개선을 염두에 두기 때문이기도 하다.

지금까지의 논의들을 종합해 보면 한반도 문제를 바라보는 데 있어 인식의 전환이 필요함은 자명한 사실이다. 인식의 전환은 두 가지 사실에 기반을 둔다고 할 수 있다. 첫째, 이인영 통일부장관이 인터뷰[5]에서 언급한 바와 같이 지역·세대·이념에 따라 통일에 대해선 이견이 있어도 한반도 평화에 대해서는 공감대가 형성되었다는 점이다. 갑작스런 통일은 그 현실성이 높지 않다는 점을 차치하더라도 오히려 대내외적 혼란과 국민적 분열을 불러일으킬 우려가 높다. 둘째, '남북이 어떠한 방식으로 통일을 할 것인가'라는 기존의 통일방안 논의를 벗어나 '어떠한 과정을 거쳐 통일에 이를 것인가'가 문제의 핵심이 되어야 한다는 점이다. 통일로 가는 과정의 중심에 한반도 평화 구축을 목표로 남북 공동의 번영을 추구할 수 있는 경제협력, 나아가 경제통합 방안을 고려할 수 있는 것이다.

2차 세계대전 이후 유럽 대륙에서 전쟁 종식과 평화 정착, 그리고 황폐화된 경제의 재건을 위해 경제통합이 추진되었다. 현재 전 세계에서 가장 심화된 지역 공동체로 발전되기까지 수많은 갈등과 위기가 있었고, 이를 극복해왔기에 현재의 통합 수준까지 올 수 있었다. 체제의 유사성과 공유된 가치를 기본으로 하는 국가들간의 협력과 통합도 국가들의 내부 사정에 또는 외부 변수에 따라 대립과 갈등의 모습을 지속적으로 표출해 왔다. 물론 자국의 이익을 공동체의 이익보다 우선하는 모습도 종종 나타났고 이로 인해 통합의 진전이 지체되며 갈등 양상이 나타나기도 했다.

이러한 갈등과 위기 상황을 극복할 수 있게 해준 가장 중요한 원동력은 공유된 공동의 목표와 벗어나기 어려운 상호 의존관계No Exit from Interdependence[6]라고 할 수 있다. 결국 남북 경제통합도 이와 같은 방식으로 진행될 필요가 있다. 첫째, 남북 경제통합을 위한 공동의 합의된 목표를 설정해야 한다. 무엇보다도 우선 한반도 평화 정착은 남북 경제통합의 기본적인 목표가 되어야 한다. 그리고 경제통합은 남북 모두에게 경제적 이익과 발전을 가져다주는 방향으로 추진될 필요가 있다. 둘째, 기존의 다양한 형태의 남북 경제협력들과 달리 상호 의존관계를 확대시키는 방안을 강구해야 하며, 이를 통해 어떠한 변수에도 좌초되지 않는 지속 가능한 협력 및 통합을 추진하는 방향으로 진행되어야만 한다.

남북 간 지속 가능한 협력 추진과 통합으로 나아가는 데는 유럽 통합 과정에서 보여준 국가 간 갈등보다 훨씬 다양하고 많은 갈등 요소가 상존해 있는 것이 사실이다. 이번 장에서는 남북 경제통합을 추진하는 데 있어 고려해야 할 다양한 이슈를 다루게 될 것이다. 간단하게 생각해 보더라도 남북의 경제 격차는 상당하며, 남북 경제협력과 통합의 추진이 자칫 퍼주기 논란 같은 우리 내부의 갈등을 초래할 수도 있다. 이에 남북 경제교류 증진, 협력의 심화, 나아가 통합이 우리 경제에 어떻게 기여할 수 있는지, 그리고 북한의 경제 발전이 우리에게 왜 필요한지 등을 우리 국민에게 충분히 설득시켜 국민적 공감대를 형성하는 작업이 필요하다. 우리의 것을 내어주기도 하고 상대의 것을 받아들이기도 해야만 상호작용이 일어나면서 서로가 더욱 완전해지는 '통합'이라는 공유결합물이 탄생할 수 있다.

이와 더불어 북한에 대해 잘못된 정보와 인식을 바로잡는 방안도 강구해야 한다. 북한 내부에서 장마당을 운영하거나 핸드폰을 사용하는 등 하나의 국가로서 경제가 운용되고 있고, 특정 산업 분야에서 상당한 경쟁력이 있다는 점 등이 대표적이라고 할 수 있다. 또한 남북 간 빈번한 교류가 본격화되는 경우 발생할 수 있는 격차에 따른 불평등, 오랜 분단으로 인한 상호 이해의 어려움, 제도의 차이로 인한 갈등과 분쟁 등과 같은 다양한 문제들에 대한 해결책을 경제통합 추진과 함께 강구해 나갈 필요가 있다. 이는 단순히 경제 분야에서 형식적인 통합을 넘어 한민족 공동체로서의 정체성 Identity 과 결속력 Solidarity 을 강화하는 방향으로 추진되어야 한다. 이 또한 유럽 통합 과정에서 왜 EU가 '정체성' 확립과 '결속력' 강화에 역점을 두었는지에 대해 우리가 고민해 볼 사안이다.

결론적으로 남북 경제통합은 한반도의 특수성을 고려하여 우리의 실정에 맞는 통합 방안으로 마련되어야 한다. 그러나 우리는 유럽의 경제통합 사례를 통해 개별 국가의 이해관계를 절충시켜 공동의 이익을 발굴하는 것이 중요함을 알 수 있다. 또한 관세동맹, 단일 시장, 공동통화 등과 같이 경제통합의 결과물에만 집착할 것이 아니라 그 결과물이 만들어질 수 있도록 규정의 조화, 격차 해소 등 토대를 조성하는 일들에 우선적으로 공을 들여야 함을 배울 수 있다.

이러한 점에서 한반도에서 전개될 남북 경제통합은 최근 한 금융기관의 TV 광고에 등장했던 '모소 대나무' 이야기를 떠올리게 된다. 중국 극동 지역에서만 자라는 희귀종인 모소 대나무는 씨앗을 뿌리고 4년 동안 약 3cm밖에 자라지 않다가 5년째부터 말 그대로 폭풍성장을 하여 6주 만에 15m 이상 자라는 대나무가 된다. 첫 4년 동안은 뿌리를 깊고 넓게 내리는 성장 기간인 것이다. 깊고 단단하게 뿌리를 내렸기 때문에 갑작스런 성장도 가능하고, 이에 따른 대나무 몸통의 무게와 세찬 비바람도 견딜 수 있다는 것이다.

어떻게 보면 지금까지 남북 협력 사업들은 그 사업 자체에만 치중했기에 근본이 허약했을 수도 있다. 중간에 좌초되지 않고 지속 가능한 경제통합을 실현하고 한반도 통일에 굳건한 기반이 되기 위해 우리의 통합 과정도 모소 대나무처럼 뿌리를 깊고 단단하게 내리는 작업들이 최우선적으로 시행되어야 한다. 밖으로 보이는 결과물도 물론 중요하지만 어떠한 대내외적 변수에도 쓰러지지 않는 통합을 만들어가기 위해 철저한 준비작업의 시간을 견뎌낼 필요가 있다.

이에 본 장에서 소개하는 다양한 유럽 통합의 사례들은 남북 경

　　　　　　　EU에서 한반도의 미래를 찾다

제통합을 추진하는 데 있어 어떻게 뿌리를 단단하게 만들어가야 할지를 고민하는 데 교훈이 될 수 있는 것들이다. 다시 한번 강조하지만, 유럽이 통합 과정에서 추진했던 일들을 그대로 따라서 한반도에 적용하자는 것은 결코 아니다. 그보다는 오히려 다음에 나오는 유럽 통합의 사례들에서 회원국들은 '왜 통합을, 그리고 왜 특정 분야를 선택했는지', '어떻게 추진했는지', '왜 통합이 좌초되지 않고 진전될 수 있었는지', 그리고 '어떻게 갈등과 위기를 극복했는지' 등에 우리의 초점을 맞출 필요가 있다.

03

유럽 경제통합 사례와 한반도에 적용: 무엇에 주목해야 하는가?

"평화는 국가들의 조약이나 협정에 서명하여 달성되는 것이 아니라, 함께 협력하고 시장을 만들어갈 때 이루어질 수 있다."

_David Mitrany[7]

유럽 경제통합은 유럽 대륙의 평화를 정착시켜 전쟁을 종식하겠다는 근본적인 목적하에 추진되었다. '평화'라는 공동의 목표가 있었는데도 개별 국가들이 통합의 대열에 참여하기 위해서는 '국익 national interests'과 '국가의 전략 national strategies'도 중요한 동인으로 작동하였다.

1950년대 프랑스만 보더라도 프랑스가 통합에 참여한 이유는 국익 때문이었다. 무엇보다도 프랑스가 가장 우선 고려했던 부분은 독일에 대한 안보 문제의 해결이었다. 사실상 소위 '독일 문제'를 프랑스가 단독으로 처리하기는 쉽지 않은 상황이었다. 독일은 패전국이었지만 인구수와 경제력에서 프랑스뿐만 아니라 이웃 다른 국가들을 압도할 것이 명확했기 때문이다.

독일 문제를 해결하는데 있어 핵심적인 부분 중 하나는 결국 독일의 경제력을 제어하는 것이었다. 2차 대전 직후 경제 재건과 산업화에 있어 석탄과 철강은 핵심 자원이었고, 이에 독일 철강 산업과 석탄 산지의 중심이었던 루르Ruhr 지방에 대한 통제가 프랑스의 최대 관심사 중 하나였다. 물론 양차 대전을 통해 독일로부터 프랑스가 겪은 고통을 고려하면 프랑스가 독일의 무력화 같은 더욱 강경한 정책을 원했다는 점은 쉽게 이해할 수 있다.

그러나 전쟁 종결 이후 미국과 소련의 대결 양상이 점차 심각해지는 상황과 제1차 대전의 전후 처리 과정이 독일에게 지나치게 가혹했고 그 결과 또 한 번의 전쟁이 발발했기에 미국은 프랑스의 전후 독일 처리 방안에 동조할 수 없었다. 결국 소련에 대응하기 위해서는 서유럽 국가들의 경제회복이 절실하며, 이를 위해 독일의 자원과 산업을 활용해야 한다는 미국의 입장은 마셜 플랜으로 구체화되었다.

프랑스가 독일 처리 문제에 있어 본래의 강경책을 접고 미국의 입장을 받아들인 데는 세계 최강대국으로 부상한 미국의 반대와 압력 때문이기도 하지만, 마셜 플랜을 통한 프랑스의 경제회복이라는 이해관계도 중요한 원인이었다. 이는 프랑스가 유럽의 다른 어떤 국가보다 마셜 플랜을 환영했다는 점에서도 알 수 있다.[8] 결국 ECSC

결성을 통한 유럽 통합으로 독일에 대한 견제는 물론 프랑스의 경제회복을 달성하며, 이를 기반으로 유럽 및 국제무대에서 프랑스의 영향력을 높이겠다는 전략이 중요한 동인이었다.

물론 독일이 유럽 통합에 동참한 것도 어느 정도 독일의 이해관계가 고려된 부분이 있다. 석탄과 철강 산업 분야에서 당시 유럽 최고 수준의 생산력과 경쟁력을 가지고 있었던 독일이 이 두 자원의 공동 관리로 어느 정도 손해가 발생하는 것은 자명하였다. 하지만 최악의 경우, 독일의 산업 기반이 완전히 해체될 수도 있었다는 점을 고려하면 그 정도의 손해는 충분히 감수할 만하였다.

유럽 통합에 참여한 국가들이 자국의 이해관계와 전략에 따른 결정임에도 통합을 지속해서 유지할 수 있게 해준 것은 국가 간 이해관계의 충돌 등으로 발생하는 갈등을 해결할 수 있었기 때문이다. 갈등 해결에 가장 단순한 원리는 장 모네가 주장하였듯이 '공동의 이익을 찾아내고 체계화'하였기 때문이다. 국가들은 유럽 경제통합에 참여함으로써 이익을 얻을 수 있고, 이러한 이익을 구현할 수 있도록 체계를 만들었다는 의미이다.

제2차 세계대전 이후 통합을 통해 평화 정착의 목표를 달성한 유럽과 달리 한반도는 여전히 분단이라는 2차 대전과 냉전의 유물을 극복하지 못하고 있다. 더욱이 한반도 평화 정착과 통일 문제와 관련하여 이데올로기적 논의의 틀에 갇혀 뚜렷한 성과를 내지 못하고 있다. 아직까지 서로에 대한 불신과 대립으로 점철된 한반도이지만 개성공단이나 금강산 관광과 같은 남북 경제협력 및 교류 프로그램이 성공적으로 운영되던 때도 있었다. 이러한 남북 경제협력 프로그램이 가동될 수 있었던 것은 분명히 양측의 이해관계가 어느 정도 맞아떨어졌기 때문이다. 그렇다면 과연 이러한 프로그램을 시행하면서 남북은 공동의 이익을 찾아냈고 체계화시켰을까? 그렇지 못했다는 점이 사실상 남북 경제협력 사업들이 다양한 변수에 휘둘리고 지속 가능하게 운영되지 못한 이유라고 할 수 있다.

유럽 통합의 기능주의 Functionalism 이론을 제시한 미트라니 David Mitrany는 '평화는 지키는 것이 아니라 함께 만들어 가는 것'이라고 설명한다. 아울러 공동시장을 만들어 경제통합을 진행해 나가면 복지와 인권과 같은 문제에서도 협력이 공고화되며 궁극에는 정치적 협력과 통합이 이루어질 수 있다고 주장한다. 그러나 우리의 지난 정책과 노력들을 돌이켜 보면 한반도 평화는 남북 합의를 통해서만 이루어질 수 있다고 여겨왔던 것처럼 보인다. 이제 남북이 한반도 평화 정착에 합의할 수 있도록 여건을 조성하는 방향을 고려할 시점이다. 유럽 국가들이 그래왔던 것처럼 남북이 갈등의 역사를 청산하고 공동의 이익을 창출할 수 있는 경제 공간을 마련하는 것에서 평화 정착을 위한 여건 조성을 시작할 수 있다. 평화 정착을 위한 유럽의 경제통합 노력과 경험에 대한 구체적인 조명은 한반도 문제 해결을 위한 추상적 이론이 아닌 구체적인 내용과 의미를 제공할 수 있다.

이에 다음에서는 ECSC와 Euratom의 설립, 제도의 통합, 단일 시장 출범, 국가 및 지역 간 격차 해소 정책, 그리고 정체성 확립과 사회통합 등 유럽 통합 과정의 핵심적인 사례들에 대한 분석을 통해 유럽 통합이 성공적으로 지속 가능하게 추진될 수 있었던 이유를 살펴본다. 이러한 유럽 통합의 사례를 통해 한반도 경제통합이 추진될 경우 우리가 특히 어떤 부분에 신경을 쓰고 고려해야 하는지를 고민해 볼 수 있다.

지속 가능한 경제협력 : '평화에 이르는 길'

1952년 유럽석탄철강공동체를 시작으로 1958년 유럽경제공동체와 원자력에너지공동체로 이어지는 유럽 통합은 무엇보다 유럽의 항구적 평화 정착과 경제발전이라는 두 가지 성과를 이루어냈다는 점에서 '평화의 기획'이라는 역사적 평가를 받고 있다. 이는 19세기 이래 유럽 내 주도권 경쟁과 전쟁을 거듭해왔던 프랑스와 독일이 오랜 갈등의 역사를 청산하고 화해와 연대를 도모했기에 가능했다. 20세기 두 차례의 큰 전쟁으로 파국 직전까지 갔던 두 민족이 화해와 협력을 통해 경제협력과 평화의 조건을 만들기란 쉽지 않았을 것이다.

그러나 프랑스와 독일은 오랜 갈등의 역사를 청산하고 지난 70년의 유럽 통합사에서 경제협력 및 유럽 통합을 이끄는 견인차 역할을 하고 있다. 이처럼 양국이 오랜 역사적 갈등을 극복하고 지역의 평화 정착 및 경제협력을 모색할 수 있었던 주요 동인은 무엇이었을까? 그것도 일시적이 아니라 지속 가능한 경제협력을 이룰 수 있었던 발전의 배경은 무엇이었을까? 이 질문은 우리가 유럽의 경제협력 사례에서 가장 주목해야 할 부분이다. 이 장에서는 에너지 분야의 협력과 공동 관리를 통해서 지역의 평화 정착과 경제협력을 달성했던 유럽의 경험 사례를 구체적으로 살펴보면서 한반도 경제협력을 위한 시사점을 찾아보도록 하겠다.

♦ 석탄과 철강을 활용한 공동의 이익 창출과 평화 구축

"공동의 이익을 찾아내고 체계화하는 것이
　갈등 문제를 해결하는 가장 단순한 원리이다."_Jean Monnet[9]
"사람 없이는 아무것도 가능하지 않고,
　제도 없이는 그 어떤 것도 지속할 수 없다."_Jean Monnet[10]

오늘날 유럽경제통합의 초석을 다진 유럽석탄철강공동체는 경제발전뿐만 아니라 유럽의 평화 달성에 중요한 역할을 하였다. 유럽석탄철강공동체는 어떠한 배경과 조건에서 출발하였을까? 영국인 역사학자 밀워드Alain Milward는 "전후 유럽의 지역통합은 초국가성을 내포하고 있는 연방주의와 같은 사상이 아닌 현실적인 '국익'에 의해서 발전할 수 있었다."[11]라고 보았다. 밀워드는 국가의 '이해'와

EU에서 한반도의 미래를 찾다

'전략'을 유럽경제통합 발전의 중요한 동인으로 보고 있다.

유럽석탄철강공동체를 주도했던 프랑스의 노력에 대해 프랑스인 역사학자 보슈아 Gérard Bossuat는 "1950년대 프랑스 유럽 통합 정치의 근본적인 목적은 통합 그 자체에 있었다기보다 프랑스의 경제 회복과 이를 기반으로 한 유럽 무대에서 프랑스의 영향력을 높이고, 독일에 대한 안보문제를 해결하는 데 있었다."[12]라고 설명하고 있다.

한마디로 말해, 유럽경제공동체는 종전 후 국가가 처한 외교 문제를 유럽의 경제협력 차원에서 해결하고자 노력했던 결과로 이해할 수 있다. 프랑스는 1950년 슈만계획을 발표하고, 1952년 유럽석탄철강공동체를 발족시킴으로써 유럽의 협력 관계에서 리더십을

1951년 4월 12일, 유럽석탄철강공동체 협상에 참석한 장 모네(왼쪽)와 로버트 슈만(가운데)의 모습이다.
*출처: European Parliament

발휘할 새로운 기회를 얻을 수 있었다.

　1950년대, 유럽석탄철강공동체는 장 모네가 고안하고 당시 프랑스 외무장관이었던 슈만의 발표를 통해 현실화되었다. 이는 사실상 독일과 프랑스 간의 오랜 역사적 갈등을 청산하고 유럽의 경제 발전을 공동으로 이루자는 데 주된 목적이 있었다. 모네는 유럽의 영구적인 평화 정착과 공동 번영을 위해 무엇보다 프랑스와 독일 간의 새로운 관계 정립이 필수임을 주장하였다. 특히 프랑스가 독일에 대한 증오를 해소하고 독일을 품고 새로운 미래를 설계하자고 강력히 피력하였다. 전쟁 직후 전쟁의 상흔이 여전히 남아 있었고, 더군다나 독일 재건에 대한 두려움이 거의 국민적 강박관념 수준이었던 상황에서 이러한 모네의 제안은 쉽게 받아들여질 수 없었다. 이는 전후 프랑스의 대^對 독일 정책의 패러다임을 바꾸자는 의미와도 같았기 때문이었다.

　사실 종전 후 프랑스의 독일 정책은 일명 '독일의 분할' 정책이었다. 독일 최대 산업 지역인 루르 지역의 산업을 독일에서 분리하여 프랑스가 주도적으로 관리하고, 독일의 최대 지하자원 매장 지역 중 하나인 자르와 알자스-로렌 지역을 프랑스에 예속하는 것이었다. 독일 군수산업 및 경제의 중핵이자 핵심자원인 석탄과 철강 생산 능력을 제한해서 독일을 경제적으로 무력화시키는 것이 전후 프랑스 외교의 중요한 목표였다. 이는 다른 한편으로는 독일에 전쟁 책임을 묻는 보복정책이었다. 하지만 모네는 프랑스가 독일에 대해

　　　　　　　　　　　EU에서 한반도의 미래를 찾다

전향적으로 접근하여 독일 문제를 해결하자고 제안했다. 그는 경제
협력이 프랑스와 독일의 오랜 적대 관계를 청산하는 방법이라고 주
장하였다. 그것이 '양국의 평화뿐만 아니라, 유럽의 평화를 지키는
길'임을 거듭 강조했다.

지난 역사를 돌이켜 보면 독일과의 전쟁으로 인한 프랑스의 트
라우마는 전쟁이 끝난 후에도 프랑스인들에게 여전히 큰 상처로 남
아 있었다. 사실 19세기 이래 프랑스와 독일은 유럽 내 주도권 경쟁
과 전쟁으로 점철된 대표적인 숙적관계였다. 나폴레옹이 주도한 프
랑스의 독일 정복과 지배, 프로이센-프랑스 전쟁(1870~1871), 제1차
세계대전(1914~1918) 그리고 제2차 세계대전(1939~1945) 동안 독일
의 프랑스 점령 등 양국은 전쟁과 복수를 반복한 오랜 적대 관계를
이어왔다. 이 네 번의 큰 전쟁에서 나폴레옹 전쟁을 제외하고 파리
는 독일에게 두 번이나 함락되는 쓰라린 패배를 경험하였다. 전쟁이
끝난 후에도 독일에 대한 프랑스인들의 적개심과 두려움은 여전히
남아 있었다.

하지만 경제협력을 통해 갈등과 분쟁을 해결하는 데 탁월한 능
력이 있었던 모네는 프랑스와 독일의 협력과 화해가 궁극적으로는
프랑스에도 큰 이익이 될 수 있다고 설득하였다. 그는 독일을 전쟁
의 원인 추궁 대상으로만 볼 것이 아니라, 유럽의 경제 계획을 함께
수행할 새로운 협력자로 보아야 한다고 주장하였다. 이것이 "프랑
스와 독일 간의 오래된 어두운 역사, 즉 숙적관계를 청산하는 길이

며, 더 나아가 새로운 유럽 건설을 위한 발판을 마련하는 계기가 될
것"이라고 언급하였다.[13] 유럽석탄철강공동체 계획을 닦고 있는 모
네의 수많은 문서에는 새로운 유럽 건설이 무엇보다 프랑스와 독일
간의 오랜 갈등의 씨앗을 제거하는 것에서 시작된다는 점을 명확히
담고 있다.

> "유럽 국가들을 하나로 통합하기 위해서는 무엇보다 독일과 프랑스
> 간의 오랜 갈등의 역사를 청산해야 합니다. 이 새로운 관계 속에서
> 프랑스는 유럽의 평화를 만드는 데 앞장설 수 있습니다. 무엇보다 독
> 일이 평화롭게 그리고 순조롭게 유럽에 통합되는 것이 중요합니다.
> 프랑스 정부가 이러한 중요성을 인식하기 바랍니다. 프랑스와 독일
> 의 석탄·철강 생산 권한을 고위관리청의 공동 관리에 맡긴다는 것
> 은 양국 갈등의 뿌리를 제거하는 것이며, 더 나아가 이는 양국이 전
> 쟁을 상상할 수 없게 만드는 조건이 됩니다. 유럽석탄철강공동체는
> 유럽의 평화 정착을 마련하는 토대가 될 것을 저는 확신합니다."[14]

이처럼 유럽석탄철강공동체는 독일과 프랑스 간의 오랜 갈등의
역사를 청산하고 유럽의 경제발전을 성공적으로 달성하자는 주요
한 메시지를 담고 있다. 이는 1950년 슈만의 성명서에도 명확히 명
시되어 있다. 슈만은 "유럽이 단숨에, 그리고 단순한 결합으로 만들
어지지 않았다는 점과 우선 행동의 연대성을 만들어 프랑스와 독일

의 해묵은 갈등을 해소하는 것이 필요하다."라고 거듭 강조했다. 유럽석탄철강공동체는 이와 같은 노력과 협상의 결과였다.

◆ 유럽석탄철강공동체의 성공 배경

1952년 유럽석탄철강공동체를 시작으로 프랑스와 독일은 이후에도 긴밀한 협력과 공존의 길을 모색하면서 위기 때마다 또는 결정적인 순간에 두 국가의 정상들이 양손을 꼭 잡는 리더십을 보여주었다. 양국은 단순히 일회성에 그치지 않고 견고한 유럽의 제도와 통합기구를 통해 협력을 지속해 나갔다. 특히, 프랑스와 독일은 다양한 경제통합 계획들과 함께 1950년대 '협력 관계' 구축을 시작으로 1960년대에는 '신뢰할 수 있는 동반자 관계'로 발전하였고, 1970년대 세계 경제 위기 및 유럽의 위기라는 어려운 환경 속에서도 '위기의 시대, 함께할 동반자 관계'와 1980년대 'EU의 시대 동반자' 관계를 구축하며 유럽 통합을 이끌었다. 결과적으로 유럽의 석탄과 철강 분야라는 부분적 경제통합을 시작으로 협력의 토대가 마련된 독·불 관계는 이후에도 지속 가능하고 다양한 경제통합을 통해 역사 화해의 단계까지 도달할 수 있었다.

유럽석탄철강공동체는 다음과 같은 두 가지 중요한 원리와 전략을 통해서 성공할 수 있었다. 첫 번째 원리는 '공동의 이익 창출'이

제1차 세계대전 프랑스와 독일의 최악의 전투로 기록되고 있는 베르됭 전투 추모식에서 1984년 9월 프랑스의 미테랑 대통령과 독일의 콜 총리가 손을 맞잡고 있다. 또한 베르됭 전투 100주년을 맞은 2016년 5월, 독일의 메르켈 총리와 프랑스의 올랑드 대통령이 양국 화해의 상징으로 '영원히 꺼지지 않는 불'을 붙이고 있다.
*출처: 연합뉴스

었다. 프랑스는 유럽석탄철강공동체 경제 계획을 제안함으로써 독일로부터 안정적으로 석탄을 공급받는 한편, 독일을 효율적으로 관리할 수 있었다. 이는 결과적으로 프랑스의 경제·안보적 이익을 동시에 해결해주는 해법이 되었다. 반면에 독일은 독일 경제의 안정적인 발전과 종전 후 전범국으로서의 부담을 벗을 수 있었고, 미래의 유럽 경제를 함께 이끌어 나갈 수 있는 협력자로 다시 태어날 수 있었다.

앞서 언급했듯이 이러한 성과는 양국의 갈등문제를 해결하고자 했던 모네의 노력과 중재가 중요하였다는 점을 다시 한번 강조할 필요가 있다. 모네는 그 어떤 방식보다 '경제적 실익을 보장하는 경제통합 계획이 영토분쟁이나 역사적 갈등으로 대립하고 있는 양국의 참여와 협력을 독려하는 길'이라고 주장하였다.[15]

사실, 모네는 이 아이디어를 유럽 통합이 구체화되기 훨씬 이전에 독일과 폴란드의 접경지역인 슐레지엔 Schlesien 갈등 문제를 해결하는 과정에서 경험적으로 습득하였다. 1920년대 모네는 국제연맹에서 활동하며 당시 유럽에서 영토분쟁 문제가 가장 심각했던 독일과 폴란드 국경 지역인 슐레지엔의 갈등 문제를 해결하는 임무를 맡았다. 슐레지엔의 광산 지역은 석탄 생산지로서 이를 기반으로 대규모 철강 산업단지가 형성되어 있었다. 1차 대전이 끝난 후 베르사유 조약에 참여했던 승전국들은 이 지역 전체를 폴란드에 귀속시키기로 하였다. 하지만 국제조약을 통해 간단히 해결하기에는 이 지역을 둘러싼 독일과 폴란드의 이해관계가 복잡하게 얽혀 있었다. 당시 폴란드의 강철은 철을 녹일 수 있는 연료, 즉 독일의 석탄이 필요했고 폴란드 노동자들은 독일인이 경영하는 공장에서 직장을 유지할 필요가 있었다.

이에 대한 모네의 판단은 양국의 복잡한 이해관계는 사람들과 상품이 국경을 자유롭게 넘나들 수 있을 때 해결될 수 있다고 보았다. 다시 말해, 모네는 이웃 국가이면서 적대적인 영토분쟁과 같은 갈등 문제는 어떤 조약이나 협정을 통해서 해결될 수 없고, 시장이 형성되어 갈등 당사자의 이익이 공동으로 실현될 때, 그것이 양국의 갈등을 해결할 수 있는 지름길이라고 생각하였다. 슐레지엔 갈등 문제 해결은 30년이 지난 이후 모네에게 독·불 관계 정상화와 유럽경제통합에 대한 실질적이며 구체적인 아이디어를 제공하는 값진 경험이었다.

두 번째로 유럽석탄철강공동체를 통해 프랑스가 실현하고자 하였던 중요한 전략은 유럽의 경제 제도 속에서 독일을 효율적으로 관리하는 것이었다. 2차 대전 후 프랑스는 전쟁으로 파괴된 국가 경제를 복원하는 동시에 독일의 잠재적 성장능력을 견제해야 하는 두 가지 문제를 안고 있었다. 하지만 프랑스는 경제복구를 위해 독일로부터 양질의 석탄 및 철강 수입이 필요하였다. 동시에 독일의 잠재적인 경제생산 능력이 지난 양차 세계대전 때와 같이 독일의 패권에 대한 야심을 재현시킬 수도 있다는 점에 큰 위협을 느꼈다. 특히, 석탄·철강 산업을 기반으로 한 독일의 경제성장과 세력화는 프랑스뿐만 아니라 유럽의 평화를 위협하는 요인이 될 수 있었다.

하지만 냉전이 가시화되는 상황에서 독일 경제 재건의 불가피성과 독일의 세력견제라는 딜레마에 직면했던 프랑스는 생산의 연대를 통해 새로운 유럽의 경제 공간을 창출하자고 먼저 제안하였다. 그 결과 프랑스는 경제통합을 통해 독일 경제의 활용뿐만 아니라 독일 세력을 효과적으로 견제할 수 있는 발판을 마련할 수 있었다.

그렇다면 당시 석탄과 철강 산업의 연대가 어떻게 프랑스와 독일의 해묵은 증오를 평화와 공존의 분위기로 바꾸는 방법이 될 수 있었을까? 이와 같은 질문에 답을 찾기 위해서는 프랑스와 독일의 대표적인 영토 갈등 지역인 라인강 상류 지역의 역사적 경험과 특수성을 살펴볼 필요가 있다.

  EU에서 한반도의 미래를 찾다

아주 오래전부터 프랑스인들은 라인강이라는 지리적 경계에 따라 독일과 다른 프랑스의 정체성을 설명하였다. 반면에 독일 민족은 라인강을 '독일의 강' 그리고 '독일 자체'로 설명하였다. 2차 대전 당시 레지스탕스로 활동하고 종전 후 '국민 영웅'으로 파리에 입성한 드골은 "(프랑스와 독일이) 라인 경계에 접해 있는 한 프랑스의 안보는 절대로 보장될 수 없다."[16]라고 말하며 독일에 대한 경계심을 감추지 않았다.

그런데 문제는 이 지역이 유럽 최대 지하자원 매장 지역 중 하나라는 점이었다. 이 지역을 프랑스와 독일 중 어느 국가가 장악하는가에 따라서 유럽의 패권을 주도하는 결과로 귀결되었다. 20세기 초 독일은 영국과 프랑스에 비해 뒤늦게 산업화되었지만, 독일 군

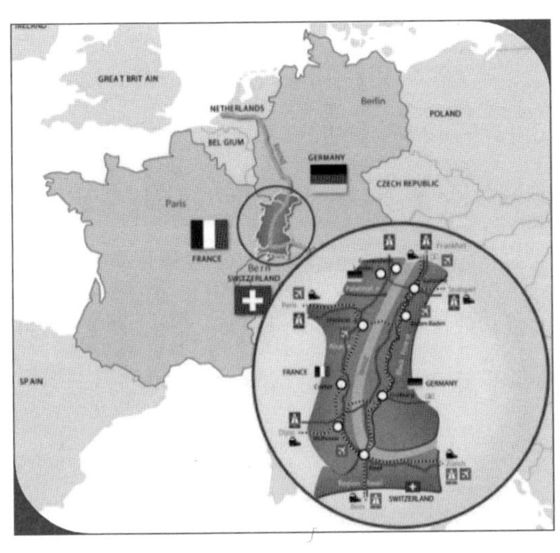

프랑스와 독일의 대표적인 영토 분쟁 지역인 라인강 상류 지역(Upper Rhine Region)을 나타낸 지도로 이 지역은 프랑스, 독일, 스위스 세 나라가 국경을 접하고 있다.
*출처: Upper Rhine Valley

수산업 및 경제의 중핵이자 핵심자원인 석탄과 철강 매장이 풍부한 이 지역의 산업 발전을 기반으로 강력한 군사 강대국으로 성장하였다. 독일의 세력화는 이웃 국가인 프랑스뿐만 아니라 유럽 전체의 안정과 평화를 위협하는 것이었다. 그러므로 독일의 석탄과 철강 생산 능력을 제한하는 것이 프랑스의 안보와 동시에 유럽의 평화와도 직결되는 문제였다. 프랑스는 분쟁의 원인이 되는 이 지역을 산업의 '규제'가 아니라 '연대'를 통해서 프랑스의 경제 이익뿐만 아니라 유럽의 평화를 만들어가는 데 앞장섰다. 오늘날 이 지역은 '분쟁의 상징'이 아닌 '공존의 상징' 지역으로 발전하였다.

유럽석탄철강공동체라는 이니셔티브를 제공한 프랑스는 결과적으로 독일로부터 안정적으로 석탄을 공급받는 한편, 2차 대전 당시 독일의 공격에 속수무책으로 당했던 프랑스의 외교적 위상도 크게 제고되었다.

프랑스가 유럽석탄철강공동체를 통해 프랑스의 안보뿐만 아니라 유럽의 평화를 달성했던 사례는 한반도 문제를 해결하는 데 있어 구체적인 시사점과 함의를 제공한다. 우선, 프랑스가 '독일을 전쟁의 원인을 추궁하는 대상이 아닌 유럽 계획을 함께 수행할 새로운 협력자 관계'로 재정립했다는 점이다. 과거와 다른 관계 정립과 연대를 통해 새로운 유럽의 경제 공간을 마련함으로써 프랑스는 2차 대전 이후 프랑스가 처한 외교적 난관을 극복할 수 있었다.

다음으로, 슈만이 "유럽은 하루아침에 완성된 것이 아니다."라고 설명했던 것처럼, 경제협력을 통한 평화 정착은 단순히 일회성에 그치는 것이 아닌 지속적이고 일관성 있는 노력으로 달성될 수 있다는 점을 우리에게 시사하고 있다. 모네는 일찍이 "사람 없이는 아무것도 가능하지 않고, 제도 없이는 그 어떤 것도 지속할 수 없다."라고 언급하였다. 남북이 경제협력과 통합을 위한 계획과 제도를 통해 지속 가능한 공동의 경제 공간을 창출하는 것이 한반도 평화에 이르는 길임을 우리는 유럽 통합 사례에서 알 수 있다.

◆ 원자력 에너지의 평화적 사용

유럽원자력공동체(Euratom, European atomic energy community)는 서유럽 6개국(프랑스, 독일, 이탈리아 그리고 베네룩스 3국)이 참여한 로마조약(1957년)을 통해 유럽경제공동체와 함께 탄생하였다. 이는 핵에너지의 공동 관리를 통해서 안정적인 에너지 수급을 보장하고 무엇보다 유럽 스스로 핵무기 개발을 억제하여 평화로운 유럽을 지속한다는 동기에서 시작하였다.

앞서 유럽석탄철강공동체 사례에서 알 수 있듯이 유라톰 또한 에너지와 관련하여 유럽 공동의 이익을 체계화한 구체적인 협력사례이다. 하지만 유라톰은 로마조약을 통해 함께 체결된 유럽경제공동체에 가려 존재감이 약한 '비운의 쌍둥이 기구' 또는 프랑스 핵실험을 막지 못한 '실패한 기구'로 인식되어 왔다. 그러나 유라톰이 핵에너지와 관련한 유럽 국가들과 대서양 양안, 즉, 미국과 유럽의 이해관계가 소통과 조율을 통해 만들어진 결과물이라는 점에서 유라톰의 설립 원인과 전개 과정을 구체적으로 살펴볼 필요가 있다.

먼저 유라톰의 기획과 발전과정을 살펴보기 위해서는 내부동력과 외부동력을 다각적으로 살펴보아야 한다. 왜냐하면, 유라톰은 에너지 수급문제를 해결함으로써 경제성장을 도모해야 하는 유럽의 문제일 뿐만 아니라, 냉전이 유라톰 탄생의 중요한 국제정치적 차원의 배경이 되었기 때문이다. 우선 유라톰의 창설 배경은 1954년 유럽방위공동체의 실패와 밀접한 관련이 있었다. 유럽방위공동체 실패 이후, 서독은 주권국가로서 재무장을 할 수 있었고 동시에 NATO에 가입할 수 있는 자격을 얻었다.

그러나 독일 재무장 문제는 양차 대전을 겪은 독일의 이웃 국가들이 쉽게 용인할 수 없는 문제였다. 비록 독일이 NATO의 통제를 받더라도 독일의 재무장 자체는 여전히 유럽인들에게 큰 안보 위협으로 다가왔다. 사실, 독일의 재무장 문제는 1946년부터 미국에서 위기 때마다 반복적으로 제기되었던 이슈였다. 특히 분단된 독일은 냉전의 중심에 있었고 소련의 팽창 위협에 대응하기 위해서는 독일이 하루빨리 재무장되어야 한다는 것이 미국의 주장이었다.

이러한 변화는 1950년대 경제협력체를 통해서 독일과의 관계를 점진적으로 회복하고 또 효율적으로 독일의 세력화를 견제하고

   EU에서 한반도의 미래를 찾다

자 했던 프랑스 외교에 큰 위기로 다가왔다. 만일 독일이 초국가적인 방식으로 유럽에 통합되지 않았다면 독일과 이웃국가들은 다시 전통적인 세력 균형 방식의 긴장 관계로 돌아갈 수 있었다. 1차 대전의 전후 처리 경험은 국가 간 협력이나 평화조약이 유럽의 항구적 평화를 보장하지 못함을 일깨워주었다.

독일의 재무장에 대해서는 프랑스의 고민이 가장 컸다. 유럽석탄철강공동체 계획을 통해 독일과의 협력을 적극적으로 제안한 경험이 있었던 모네는 초국가적 기구에 의한 에너지 관리만이 유럽의 영구적인 평화문제를 해결할 수 있다고 확신하였다. 초국가적인 방식의 협력은 유럽 국가들의 독자적인 핵 개발을 억제하고 관리할 수 있다는 점에서 유럽의 평화를 달성하는 문제와 직결되었다.

유럽방위공동체 비준 실패와 독일 재무장 허용에 직면한 유럽석탄철강공동체 6개 회원국은 서둘러 유럽 통합의 지속·발전을 위한 '유럽의 재도약'을 마련하였다. 1954년 말부터 1955년 초까지 통합에 대한 다양한 구상들이 제안되었다. 첫 번째 구상은 모네의 것으로서 모네는 유럽석탄철강공동체의 권한을 운송 및 원자력 에너지 부문에까지 확대하자고 주장하였다.

두 번째 구상은 네덜란드 외무장관 베이언이 제안한 것으로서 공동시장 창설에 대한 것이었다. 베이언은 모네가 제안하는 부분 통합에 대해서 상당히 회의적이었다. 당시 모네가 특히 관심을 두었던 분야는 원자력 에너지 산업이었다. 유라톰이라는 이 기구는 원자력

에너지의 평화적 이용이라는 목적과 당위성 속에서 출발하였다.

모네는 유라톰이 증가하는 에너지 수요를 저렴한 가격으로 충족시킬 방법이라고 주장하였고, 무엇보다 이를 통해 유럽의 평화를 보장할 수 있다고 설명하였다. 6개 회원국 외무장관들은 1955년 이탈리아 시칠리아섬 메시나에 모여 유럽 통합 방식에 대한 이견을 줄이고자 노력하였고, 벨기에 외무장관이었던 스팍의 중재로 모네와 베이언이 제안한 두 안을 모두 반영한 유럽경제공동체와 유라톰을 설립하기로 하였다.

유라톰의 당위성은 무엇보다 '원자력 에너지의 평화적 사용'이라는 점에서 강조되었다. 유라톰 창설의 제안과 협상을 이끌었던 모네는 1955년 "현재의 유럽"이라는 〈르몽드 Le Monde〉지와의 인터뷰에서 원자력 에너지의 평화적 사용과 효율적인 관리를 위해 유럽 공동체가 왜 필요한지에 대해서 설명하였다.

1955년 6월 1~3일에 개최된 메시나 회의에 참석했던 ECSC 회원국 중 룩셈부르크 외무장관 조셉 베크(J. Bech), 벨기에 외무장관 폴 앙리 스팍(P. H. Spaak), 그리고 네덜란드 외무장관 요한 베이언(J. Beyen)이 정원에서 휴식을 즐기고 있는 모습이다.
*출처: European Parliament

EU에서 한반도의 미래를 찾다

"예전에 레닌은 '러시아 공산주의가 많은 전력 생산 능력을 갖추었을 때 완성될 수 있을 것'이라고 말한 바 있습니다. 저는 현재의 유럽 통합이 원자력 에너지의 평화적인 사용 능력이 연방주의적 제도 안에서 달성될 때 완성될 수 있을 것으로 봅니다."[17]

유라톰은 원자력 에너지의 공동개발을 통해 안정적인 에너지 수급을 보장함으로써 더 큰 번영과 발전을 이룰 수 있다는 관점에서 출발하였다. 사실 유럽에서 에너지 공동개발 정책에 관한 주장은 종전 직후에 시작되었다. 전쟁으로 폐허가 된 유럽을 하루빨리 복원하기 위해서는 사용 가능한 에너지원을 신속히 개발하여 에너지 수급 문제를 해결하는 것이 관건이었다. 이러한 에너지 개발의 필요속에서 설립된 것이 앞서 설명한 유럽석탄철강공동체였다. 그 과정에서 핵에너지 공동사업에 대한 계획도 조심스럽게 거론되었다.

특히, 1949년 말, 러시아에서 핵실험이 성공했다는 소식이 전해지자 유럽인들은 큰 충격에 휩싸였다. 동시에 유럽인들은 본격적으로 핵 분야에서도 다자 협력이 필요하다는 점을 인식하게 되었다. 1950년대 후반은 석탄·철강 에너지에서 원자력으로 에너지원이 전환되는 시점이었고, 특히 1956년 수에즈 위기는 석유를 대체할 새로운 에너지원의 개발 필요성을 부각시켰다. 이러한 상황에서 유라톰은 공동 협력을 통해 원자력 에너지 산업의 발전을 추진할 수 있다는 점에서 공감대를 형성할 수 있었다.

다른 한편, 미국은 유라톰의 설립 목적이 '원자력 에너지의 평화적 사용'이라는 측면과 유라톰이 초국가적 성격이라는 점에서 유라톰 설립을 적극적으로 지지하였다. 미국이 지지했던 가장 큰 이유는 유라톰이 핵 관리 및 안보와 밀접한 관련이 있었기 때문이었다. 당시 원자력 에너지 관리와 관련해서 미국이 가장 민감하게 생각했던 부분은 핵분열성 물질의 확산 문제였다. 미국은 유라톰의 설립으로 유럽 국가들이 독자적인 핵에너지 및 핵무기 개발을 스스로 관리하고 통제할 수 있을 것으로 판단하였다. 다시 말해, 핵물질 공급 창구를 일원화하는 유라톰 공급기구 Euratom Supply Agency 를 통해 유럽이 핵분열성 물질의 소유 및 제공을 스스로 통제할 수 있을 것으로 판단하였다. 무엇보다도 유라톰이 초국가적 형태의 유럽기구라는 점에서 핵물질 확산과 관련한 미국의 고민을 덜어줄 수 있을 것으로 인식했다. 이러한 이유에서 1950년대 아이젠하워-덜레스 행정부는 유럽의 공동 핵 개발을 위한 유라톰을 지지하였다.[18]

지금까지 살펴보았듯이, 유라톰의 내·외적 발전 동인은 첫째, 원자력 에너지의 평화로운 사용이 유럽의 안보문제를 해결해줄 수 있다는 평화주의, 둘째, 각 국가가 담당해왔던 에너지 산업을 공동의 협력을 통해 더 큰 이득을 얻을 수 있다는 실용주의, 셋째, 냉전 시기 미국의 핵전략과 이해 등으로 요약할 수 있다.

원자력 에너지에 관한 유럽의 협력사례는 향후 핵문제 해결 및 핵에너지 협력을 통해 지역의 평화를 달성해야 할 과제를 안고 있

　　　　　　　　EU에서 한반도의 미래를 찾다

는 우리에게도 특별한 의미를 지닌다. 앞서 살펴보았던 유럽석탄철강공동체와 마찬가지로 유라톰은 유럽인들이 어떻게 상생할지를 고민하고 노력한 결과였다. 에너지 분야에서의 불필요한 장벽과 경쟁을 줄이고 화해와 협력의 길을 모색하는 것, 이것이 우리가 한반도에 평화를 정착시키는데 중요한 첫걸음이 될 수 있다.

장기간의 갈등과 경쟁, 전쟁에서의 막대한 피해 그리고 영토분쟁 문제로 인해 서로 적대적이었던 유럽 국가들은 2차 대전 후 에너지 협력을 통해 평화와 유럽 차원의 경제 공간을 새롭게 마련할 수 있었다. 종전 후 프랑스는 전쟁으로 파괴된 국가를 성장시킴과 동시에 독일을 견제해야 하는 두 가지 국가적 과제를 안고 있었다. 프랑스는 이 문제 해결의 열쇠를 경제통합 정책에서 찾았다. 다시 말해 프랑스는 유럽경제협력의 발판을 마련함으로써 독일경제를 활용했을 뿐만 아니라 독일세력을 견제할 수 있게 되었다. 이러한 유럽의 경험은 여전히 전쟁과 이데올로기적 논의에서 벗어나지 못하는 한반도의 갈등문제를 해결하는 데 있어 하나의 거울이 된다. 전후 프랑스가 처했던 외교 상황과 마찬가지로, 우리는 한반도의 경제 성장과 동시에 안보문제를 해결해야 하는 두 가지 과제가 있다. 유럽의 구체적인 경험 사례를 통해서 알 수 있듯이, 지속 가능한 한반도의 경제협력이 한반도의 항구적 평화를 달성하는 것과 직결되어 있다. 이러한 사실은 새로운 가능성의 경제 공간을 창출하는 첫 걸음이 어쩌면 '평화에 이르는 길'이 될 수 있음을 우리에게 시사한다.

05

제도의 통합으로 단일시장 완성의 기틀 마련: 기술표준 통합

내일 미국으로 여행을 간다고 상상해보자. 짐은 다 챙겼고 여행을 위한 준비물을 최종 점검한다. 여권, 비행기표, 개인 상비약, 핸드폰 충전기 등을 꼼꼼히 챙겼다. 그러나 현 상태로 미국에 도착하면 바로 난관에 부딪힌다. 방전된 핸드폰을 충전하기 위한 핸드폰 충전기는 챙겼지만 충전할 수 없기 때문이다. 한국에서 표준전압 220볼트용으로 생산된 핸드폰 충전기 플러그는 미국의 110 또는 120볼트 전용 콘센트에 적합하지 않다. 한국에서 사용하던 다른 전자기기들을 가지고 갔다면 모두 마찬가지 상황에 직면할 수밖에 없다. 결국 미국의 시스템에 적합한 플러그 변환 어댑터, 일명 '돼지코'를 구입하여 사용해야 한다. 그나마 최근 나온 전자제품들이 110볼트와 220볼트, 모두에서 사용이 가능하니 다행이다. 220볼트 전용 제품이라면 전압을 바꾸어 주는 변압기도 필요하다. 소비자로서 이만저만 불편하고 불만스러운 일이 아니다.

소비자뿐만 아니라 제품 생산자들도 불편함과 추가적인 생산 비용을 감수해야 한다. 한국의 전자제품 생산업체가 미국에 수출하기 위해서는 미국의 규정에 맞는 제품을 별도로 만들어야만 수출이 가능하기 때문이다. 전 세계가 하나의 규정을 가지고 있다면 생산자도 소비자도 모두 편할 일인데 국가별로 각기 다른 규정을 제정하여 사용하고 있는 게 현실이다.

기본적으로 국가는 자국의 소비자 보호를 목적으로 위생, 안전, 환경 등의 분야에서 기술 규정을 제정하고 있다. 이러한 다양한 분야의 규정은 자유무역에도 걸림돌이다. 과거에는 관세가 자유무역의 가장 큰 장벽이었다면, 최근에는 국가별로 각기 다른 기술규정 등과 같은 '비관세장벽 Non-Tariff Barriers'이 논란의 중심에 있다.

국가들이 새롭게 제정하는 다양한 형태의 비관세장벽들은 분명히 교역 자유화에 역행하는 제도이며, 다른 한편으로는 자국 산업을 보호하려는 조치로 해석되는 경우가 많다. 이런 이유로 기술규정 등은 국가 간 무역 분쟁의 원인이 되기도 하지만 자국민과 동식물의 안전과 보호 또는 국가 안보의 측면에서 규제가 필요하다는 주장을 일반적으로 내세우곤 한다.

결론적으로 유럽 경제통합 과정에 참여하고 있는 개별 주권국가들도 서로 상이하고 다양한 규정들을 가지고 있었다. 회원국별로 광범위한 분야에서 각기 상이한 규정들이 존재하고 있는 현실은 단일시장 완성의 가장 큰 장벽 중 하나였다. 단일시장을 완성하는 데 있어 국경 검문과 통관 절차 폐지 등의 물리적 장벽은 회원국들의 합의에 따라 나름 쉽게 제거될 수 있었다.

그러나 프랑스에서 생산된 제품이 독일로 수출되는데 비록 통관 절차나 검문 등은 사라졌음에도 독일이 해당 제품에 대해 다른 규정을 가지고 있다는 이유로 프랑스 제품이 독일 시장에서 판매될 수 없다면 독일과 프랑스 간에는 단일시장이 설립된 것이 아니다. 여전히 별개의 시장이며, 자국 시장의 자유로운 진입을 막는 장벽이 존재한다는 의미이다.

대한민국은 하나의 시장이다. 부산에서 생산된 제품이 서울을 비롯한 전국 각지에서 아무런 제약조건과 장벽 없이 판매되고 사용될 수 있기 때문이다. 결국 유럽 경제통합 과정에서 특히 단일시장을 완성하기 위해서는 회원국별로 상이한 기술적 장벽의 제거가 필수적인 과제였다. 그러나 이 기술적 장벽의 제거는 다른 어떤 장벽보다 폐지하기가 힘들었다.[19]

유럽 통합 초창기부터 회원국들은 단일시장의 설립에 의견을 같이 하였다. 그러나 단일시장의 완성을 위해서는 대표적으로 물리·재정·기술적 장벽의 제거가 필요하였다. 1957년 체결된 로마조약은 회원국 간 관세장벽의 제거와 제3국과 무역에 공동 관세를 적용하는 관세동맹, 공동시장 설립 등의 청사진을 제시하였다. 관세장벽의 제거에도 불구하고 다양한 기술 규정이나 안전 기준 등은 여전히 상품, 서비스, 자본과 사람의 자유로운 이동을 방해하고 있었다.

특히 기술 장벽은 국가 간 이해관계의 충돌과 그 상이함으로 다른 어떤 장벽보다 합의를 통한 통합이 어려운 부분이었다. 물론 진정한 의미의 단일시장 설립은 기술규정과 표준 통합을 지칭한다. 그러나 서로 각기 다른 규정을 어느 기준으로 통합하는가의 문제와 무엇보다도 자국 산업 보호 등과 같은 국가의 이해관계가 충돌하면서 기술적 장벽은 단일시장 완성의 가장 큰 걸림돌로 자리매김하게 되었다.

논의의 범위를 확대시켜보면 국가별로 상이한 기술규정, 표준, 적합성 평가절차 등은 자유로운 국제 교역을 제한하는 대표적인 비관세장벽으로 꼽힌다. 이에 세계무역기구WTO의 '무역기술장벽(TBT, Technical Barriers to Trade)' 협정은 WTO 회원국들이 국제 무역에 불필요한 장애를 초래할 목적으로 기술규정 등을 준비, 채택 또는 적용하지 않을 것을 규정하고 있다. 그러나 앞서 설명한 바와 같이 WTO TBT 협정에서도 국가 안보, 자국민의 안전 및 보건, 환경 및 동식물 보호 등 정당한 목적 수행을 위해 적절한 수준의 기술 규제 조치의 필요성을 인정하고 있다. 물론 그로 인해 회원국 간 해석 및 적용상의 차이 등으로 갈등이 발생하는 등 논란이 지속되고 있다.

이런 상황에서도 국가들은, 특히 선진국을 중심으로 자국의 기술 표준을 국제표준으로 제정하려는 경쟁이 치열하다. 자국 표준이 국제표준으로 제정되면 자국 표준을 국제표준에 합치시키기 위한 비용 및 시간 등의 절감 효과를 누릴 수 있을 뿐만 아니라 국제표준 채택에 따른 다양한 시너지 효과, 대표적으로 원천기술에 대한 표준 특허를 취득한 경우 특허 사용으로 인한 이익 등의 효과를 기대할 수 있다.[20] 한 국가가 자국의 여건에 따라 제정 및 운영되는 자국 표준이 존재함에도 다른 국가의 또는 국제표준을 받아들인다는 것은 다양한 측면에서 부정적 영향을 줄 수 있다. 그럼에도 자유로운 국제 교역을 위해서, 그리고 소비자의 편의 등을 고려하면서 국제 표준화에 대한 국제적 공감대는 점차 높아지고 있다.

♦ 규정의 조화 및 통합을 거쳐 공동체 규정으로 변화

그렇다면 27개 회원국으로 구성된 EU는 어떤 입장일까? 원칙적으로 EU의 각 회원국은 개별적으로 WTO의 회원국이며, 각기 다른 기술 규정과 표준을 가지고 있어야 한다. 그러나 EU는 국제무대에서 EU의 표준을 국제화하는 데 가장 선도적인 역할을 하고 있다. 이 의미는 더 이상 개별 회원국의 규정이나 표준이 아닌 EU 차원의 규정과 표준의 영향력 확대를 도모하고 있다는 의미이다. 통합 초기, 그리고 단일시장을 설립하는 과정에서 가장 심각한 장벽으로 여겨졌던 회원국별 상이한 규정을 점차적으로 조화, 단순화시키면서 EU 차원의 공동체 규정으로 변화시켰기에 가능하였다.

그러나 유럽 통합 과정에서 특히 기술 규정의 조화와 통합은 결

   EU에서 한반도의 미래를 찾다

코 쉽지 않은 여정이었다. 1968년 로마조약에 명시된 관세동맹이 예정보다 일찍 완성되었으나 공동체 내 각기 다른 기술 규정이 존재하였다. 당시 1,100명의 기업인을 대상으로 실시한 설문조사에서도 다른 회원국의 시장 진입을 위한 장벽 순위 중 '국가별 상이한 표준규격과 규제'는 '행정 장벽'에 이어 2위를 차지할 정도였다.[21] 1960~70년대 기술 개발에 따른 경제성장과 교역의 증가 등으로 공동체 내에서 규제의 조화harmonization 또는 표준화standardization가 시도되었다. 이를 위해 제정된 일반 프로그램General Programme, 즉 전통적 접근방식Old Approach은 회원국 간 이해관계의 상충, 만장일치 의사 결정 절차, 그리고 회원국들의 정치적 의지 결여 등으로 뚜렷한 성과를 거두지 못하였다. 장벽을 제거함으로써 얻을 수 있는 경제적 이익에도 불구하고, 결국 발목을 잡은 것은 회원국 간 다양한 차이들, 즉 경제운용 방식에서 시스템 차이, 생산 및 투자를 규제하는 방식 차이, 시장의 원리에 대한 상이한 이데올로기, 그리고 무엇보다도 회원국 간 상충되는 이익 등이었다.

기술적 장벽의 제거, 즉 규제의 통합 작업이 회원국들의 반발과 비협조적 태도로 진척이 어려운 상황에서 전환점이 되었던 역사적 사건이 있었다. 바로 1979년 2월 20일, 유럽 사법재판소(ECJ, European Court of Justice)의 '디종의 카시스Cassis de Dijon'사건 판례였다. 독일의 레베-젠트랄레Rewe-Zentrale사는 프랑스 디종 지방의 특산품인 카시스라는 증류주를 수입하려고 하였다. 그러나 당시 독일 법은 증

디종의 카시스 증류주(liquer)에 대한 ECJ의 판결문 중 결정(Decision)의 일부분으로 최소 알코올 도수 제한에 대한 규정으로 수입을 금지하는 것은 EEC 조약 제30조와 양립하지 않으며, 한 국가에서 적법하게 생산 및 판매되는 상품이 다른 회원국에서 판매될 수 없다는 것은 명백한 이유가 없다고 판시하고 있다.

*출처: European Commission

류주의 알코올 함량을 최소 25%로 규정하고 있어, 알코올 함량이 15~20% 정도인 프랑스산 증류주인 카시스의 수입이 허가되지 않았다. 이에 독일 업체는 수입 불허가 상품의 자유로운 이동을 규정한 조약에 위배된다며 소송을 제기하였고, ECJ는 독일 정부가 수입을 허용해야 한다고 판결하였다.

ECJ 판결의 근거는 한 회원국에서 적법하게 생산되고 판매되는 상품은 다른 회원국에서도 아무런 제약 없이 판매될 수 있어야 한다는 것이었다. 이러한 ECJ 판결의 근거는 공공의 안전, 건강, 환경 보호 등과 같은 특별한 사안을 제외하고 자국과 상이한 다른 회원국의 기술 규정을 적용한 상품의 자국 시장 진입을 허용해야 한다는 '상호 인정의 원칙 Mutual Recognition Principle'을 확립하는 계기가 되었다.

이렇듯 디종의 카시스 판례와 이를 계기로 확립된 상호 인정의 원칙은 유럽 공동체의 기술 규정 조화의 진전과 단일시장 완성에 가장 중요한 역할을 하였다. 아울러 유럽 단일시장에서 정책 결정 시 가중 다수결 제도의 도입을 가능케 했다고 평가되기도 한다.

이후 유럽 공동체는 상호 인정의 원칙하에 회원국별 다양한 기술 규정의 조화와 표준화를 추진하였고, 이를 위한 필수 요건을 명문화한 지침인 새로운 접근방식 New Approach, 그리고 공동체 차원의 적합성평가의 정책과 틀을 제시한 총괄적 접근방식 Global Approach을 채택하였다. 공동체 차원의 기술 규정의 조화와 표준화를 통해 하나의 제품에 대해서는 '하나의 표준과 한 번의 시험(one standard & one testing)'이라는 원칙을 적용시켜 나갔다. 이는 한 회원국의 제품이 다른 회원국의 시장에 진입할 때 자국 또는 상대국 표준 중 하나를 선택하여 자국 규정 또는 상대국 규정에 따라 단 한 번만 테스트를 받으면 된다는 의미이다. 규정의 조화와 함께 절차의 단순화도 이루어졌다. 이러한 원칙이 가능해진 이유는 당연히 '상호 인정의 원칙'이 있었기 때문이다. 이렇게 상품의 자유로운 이동을 보장해주는 반면에 동시에 시장 감시 시스템을 강화하여 역내 교역품과 제3국으로부터 수입품에 대한 감시를 강화하는 방안도 마련하였다.

유럽의 기술 규정 통합이 유럽의 기업 및 생산품의 국제 경쟁력 향상과 이익 창출의 기여에만 국한되는 것은 아니다. EU는 기술 규정의 통합을 통해 EU 규정과 표준의 국제화에 박차를 가하고 있다.

회원국의 확대를 통해 현재 27개 회원국으로 구성되어 있는 EU는 미국을 비롯한 다른 국가들에 비해 EU 차원의 기술 규정과 표준의 국제화에 상당히 유리한 입장이다. 경제의 세계화로 국제적인 단일 표준의 필요성에 대한 인식이 점차 높아지고 있는 상황에서 EU는 시장 규모와 선진화된 제도를 바탕으로 다자 및 양자 차원의 교섭에서 통합된 규정의 수출을 적극적으로 추진하고 있다. 통합된 EU 차원의 표준이 EU의 협상 레버리지를 강화시키고 있음은 당연한 결과라고 할 수 있다.

기술 규정의 통합이 단일시장의 완성이라는 근본적인 목적을 위해 추진되었지만, 통합 과정은 회원국 간 규정의 상이함과 이익의 충돌 등으로 인해 다른 어떤 통합 과정보다 험난했다고 할 수 있다. '상호 인정의 원칙'을 계기로 규정의 통합이 급속도로 진전되었고, 이는 무엇보다도 회원국 간 협상을 통한 결과였다.

그러나 더욱 강조되어야 하는 점은 단일시장의 완성이라는 공동의 목적을 위해 다른 국가의 규정을 인정해 주겠다는 국가들의 의지와 정치적 결단이며, 이는 회원국 간 '신뢰'에 기반을 두고 있다는 것이다. 물론 사후 시장 감시 시스템의 강화와 같은 정책적 수단이 동원되기도 하였지만, 다른 회원국들에 대한 신뢰 없이는 다른 규정에 의해 제조되거나 다른 국가에서 테스트 된 제품을 인정해 주기 어려운 것이 현실이다. 이러한 점에서 유럽의 기술 규정 통합과 관련하여 두 가지 핵심적인 결론을 도출할 수 있다. 첫째, 회원국들간

공동의 목표가 설정되어 있다는 점이다. 둘째, 상호 신뢰를 바탕으로 다른 국가의 제도, 규정, 표준 등을 인정해줄 수 있는 결단의 필요성이다.

◆ 경제통합의 기초가 될 수 있는 기술 규정의 통합

기술 규정의 통합은 남북이 본격적인 경제 교류와 협력, 나아가 경제통합을 추진하는 데 가장 기본적으로 추진해야 하는 과제임에 틀림없다. 그러나 남북간 기술 규정 통합 작업은 유럽의 기술 규정의 통합 과정보다 더욱 험난한 과정이 될 것이다. 우선 유럽 국가 간의 경제적 격차보다 남북한의 경제적 격차가 더욱 크다. 이는 남북 간 경제 교류가 본격화되면 북한산 제품에 대한 남한 내 불신의 이유가 될 수 있다.

기존에 주로 진행하였던 남북 교류 사업 또는 북한의 자원과 노동력 등을 제공받아 남한의 기술로 제품을 생산하는 방식에서는 규정의 통합이 핵심 사안이 아니었다. 그러나 기존의 방식과는 다른 더욱 심화된 경제협력과 통합이 본격화되면 남북 간 서로 다른 기술 규정과 표준 등의 문제는 가장 핵심적인 사안이 될 수밖에 없다. 이는 단순히 기술 규정에만 국한되는 것이 아니다. 환경을 비롯하여 서비스 등 협력과 통합의 대상이 되는 모든 분야에서 서로 다른 규정으로 인한 문제가 발생할 가능성이 매우 높다.

설령 남한이 북한보다 더 높은 경제력과 선진화된 규정을 가지고 있다 하더라도 통합을 추진하는데 있어 남측 규정을 중심으로 통합을 추진한다면 통합 자체가 물거품이 될 수도 있다. 유럽이 상호 인정의 원칙을 기술 규정의 통합에 근본으로 삼은 이유이기도 하다. 그렇다고 해서 유럽이 모든 제품에 예외 없이 상호 인정의 원칙을 적용시킨 것은 아니다. 예를 들어 공공의 안전, 보건, 환경 보호 등의 목적인 경우 자국 고유의 기준을 적용하는 것을 가능하도록 하였다. 이런 예외적 경우를 제외하고 유럽의 회원국들은 상호 인정의 원칙하에 서로의 규정을 조화시켜 나갔고 새로운 규정은 공동체 차원의 규정으로 만들거나 기존의 서로 다른 규정들은 개정 작업 등을 통해 점차 공동체 차원의 규정으로 통합시켜 나아갔다.

이러한 관점에서 상호 인정의 원칙은 남북 경제통합의 핵심 근간이 되는 기술 규정 통합을 추진하는 데 필수적으로 고려해야 하는 사안이다. 유럽이 그랬듯이 상호 인정의 원칙 적용 예외 분야가 설정될 수 있지만, 오히려 남북 간 기술 규정의 조화와 통합 작업은 그 해법만 찾는다면 유럽보다 수월하게 진행될 여지도 충분하다.

이와 함께 마지막으로 주목할 점은 유럽 사법재판소[EU]의 역할이다. 디종의 카시스 사건은 프랑스와 독일의 규정 차이에서 비롯되었다. 그러나 이 사건의 해결은 프랑스나 독일의 결정이 아닌 초국가적 기구인 ECJ의 결정이었다. 결국 남북의 기술 규정의 조화와 통합

　　　　　　　　　EU에서 한반도의 미래를 찾다

의 과정에 문제가 발생하여 갈등이 불거진다면 어떻게 해결할 것인가가 핵심적일 수 있다는 의미이다. 다시 말해 이러한 통합 작업이 지속적으로 추진되기 위한 갈등 해결 방안을 마련할 필요가 있다. 유럽 통합의 경우 ECJ가 있었고, 회원국 간 갈등 해결에 회원국의 결정을 배제시켰다는 것이 지속 가능한 통합을 가능하게 한 요소였음을 명심해야 한다.

06

단계적 경제통합 추진으로 유럽 단일시장 완성

오늘날 EU는 하나의 시장으로 운영되고 있다. EU 단일시장은 27개 회원국에 속한 4억 5천만 명의 인구, 2,100만 개의 기업, 1억 7,500만 개의 일자리, 그리고 GDP 약 13조 유로에 달하는 세계 최대 시장이다. 이 거대한 EU 단일시장은 역내에서 모든 회원국의 상품, 서비스, 자본과 사람을 자유롭게 이동하는 공동시장으로 정의한다.

구체적으로 예를 들어 설명해보자. 단일시장에서 유럽인들은 EU의 어느 지역에서나 자신이 원하는 곳에서 자유롭게 생활하고, 일하고, 교육을 받으며 사업을 할 수 있다. 소비자 입장에서는 저렴한 제품의 유입으로 생활물가가 하락하고 상품과 서비스에 대한 선택의 권한이 넓어졌다. 기업들에게는 다른 시장에 손쉽게 접근하고 확대된 시장을 배경으로 규모의 경제 효과를 자유롭게 활용할 수 있다. 오늘날 상품, 서비스, 자본과 사람의 자유로운 이동은 이처럼 유럽인들의 일상생활에 깊숙이 침투해 영향을 주고 있다. 향후 EU의 단일시장은 특히 디지털 시대 잠재력을 최대한 활용하고 지속 가능한 경제성장을 보장하는 데 매우 효율적인 전략이라는 평가를 받고 있다.

EU는 초기 단계 통합 과정에서부터 단계적인 경제통합을 성공적으로 이루어내며 EU 단일시장이라는 큰 성과를 달성했다고 볼 수 있다. 유럽은 1958년 유럽경제공동체를 출범시켰고, 1968년 7월 관세동맹을 완성하였으며, 1979년 3월에는 유럽통화제도를 출범시켰다. 그리고 1986년 로마조약을 처음으로 개정하여 단일유럽의정서로 공식화하였다. 1987년 7월 단일유럽의정서가 발효되어 회원국 간 물리·기술·재정적 장벽을 철폐하고, 노동과 자본의 이동성을 보장하는 법안을 채택함으로써 유럽 단일시장이 1993년 1월 1일 출범하였다.

유럽 단일시장의 완성은 유럽 역내 무역에서 규제를 없애고 생산의 주요 요소라고 할 수 있는 사람, 상품, 서비스, 자본의 역내 자유로운 이동 보장을 의미한다. 이로써 유럽은 경제 규모에 있어서 세계 제2위 경제공동체로서의 위치를 확보하게 되었다. EU가 초창기 통합 단계에서부터 유럽 단일시장에 이르기까지 단계적인 경제통합을 통해 이루어졌다는 사실은 한반도 경제통합과 단일시장 형성이라는 과제를 안고 있는 남북에게도 많은 함의를 준다. 본 장에서는 유럽 단일시장 형성의 역사적 배경 그리고 단일시장이 의미하는 경제통합을 설명하고 그 성과를 살펴보도록 하겠다.

◆ 유럽 단일시장의 형성 배경

유럽 단일시장의 형성 배경에는 특히 1970년대 두 차례에 걸친 석유파동이 가져온 경제성장률 하락과 심각한 실업 문제 등 경제 전반에 걸친 위기가 큰 영향을 미쳤다. 유럽 경제를 강타한 경제 위기와 일본을 비롯한 신흥 공업국의 부상으로 1980년대 초반 유럽 경제공동체는 큰 경제적 위기에 직면했다.

당시 이러한 위기상황을 타결하기 위해 공동체 회원국들은 단일시장을 창출하자는 계획을 담은 새로운 합의안에 서명하였다. 이 합의안은 당시 급변하는 국제정세 속에서 유럽 통합의 방향에 대한 비전과 당면 과제들을 종합하여 발표한 외교 문서였다. 1981년 독일의 외무장관 겐셔 Hans-Dietrich Genscher 와 이탈리아 외무장관 콜롬보 Emilio Colombo 는 공동체가 나아가야 할 방향에 대한 보고서를 작성하였다. 이는 유럽이사회에서 최종 승인을 받아 1983년 슈투트가르트 선언 Solemn Declaration of Stuttgart 이라는 이름으로 발표되었다. 여기서 다루어진 사안들이 구체화되어 몇 년 후 단일유럽의정서로 공식화되었다. 비록 공식적으로는 조약으로 명명되지 않았지만, 단일유럽의정서는 1957년 유럽경제공동체를 탄생시킨 로마조약을 처음으로 개

정한 외교문서로서 의미가 있었다.[22]

　단일유럽의정서를 기반으로 발전한 단일시장은 경제적 위기에 근거한 공동 노력의 필요성과 유럽 공동체를 이끌었던 강력한 리더십을 통해 완성될 수 있었다. 서유럽국가의 지도자들은 1970년대 세계 경제 위기로부터 경제 환경 악화와 경쟁력 약화를 개별 국가 차원이 아닌 공동체 차원에서 극복하자고 제안하였다. 가장 대표적으로 1980년대 프랑스 대통령 미테랑과 독일의 총리 콜은 정부 간 회의를 개최하여 기존의 공동체 조약을 개정하기로 합의했다. 1985년 유럽 집행위원회는 단일시장 완성작업 Single Market Programme 에 관한 백서 White Paper를 유럽의회에 제출하였고, 이를 토대로 역내 단일시장을 설립하기 위한 준비가 본격적으로 시작되었다. 그리고 1987년 EU는 물리·기술·재정적 장벽을 철폐하고 노동과 자본의 이동을 보장하는 법을 마련하여 1993년 유럽 단일시장을 출범시켰다.

　유럽 단일시장 형성의 목표는 경쟁력 있고 효율적인 유럽 시장의 형성을 통한 경제 성장과 일자리 창출 및 회원국과 회원국 국민들의 후생 극대화이다. 이를 위해 EU는 지역 내 상품, 서비스, 자본 및 노동의 자유로운 이동을 보장하고 각종 제도의 국가 간 수렴을 추구함으로써 EU의 국제적 위상을 높이고 역내 경제 발전을 꾀하였다. 유럽의 단일시장 구축 실험은 상당히 많은 성과를 거둔 성공적인 프로젝트로 평가된다.

그동안 EU의 시장 통합 과정은 완전한 경제 단일체를 향하여 일관되게 진행되어왔고, 현재의 시장 통합 정도가 다른 어떤 경제 공동체와 비교해도 진일보했다는 점에서 높게 평가된다. 단일시장의 완성으로 회원국 간 교역 시 복잡했던 국경 서류 통관 작업이 사라졌으며, 통신부문에서 국가 내 독점이 사라졌다. 복잡한 허가 사항과 과도한 규제 속에 있던 은행과 보험 등에서는 대폭적인 규제 완화로 비용 절감을 이루었으며, 정부 조달에서의 내국인 우대조치도 거의 사라졌다.

물론 아직도 유럽의 단일시장이 진정한 한 국가의 단일시장처럼 되기 위해 허물어야 할 장벽들이 남아 있는 것이 사실이다. 하지만 유럽 단일시장은 한반도 경제통합을 추진함에 있어 남북 단일시장을 설립하는 데 참고할 만한 유럽 통합의 핵심적 사례임에 틀림없다. 앞서 유럽 단일시장이 형성되는 과정을 통해 알 수 있듯이 유럽이 경제통합을 일관되게 단계적으로 진행해왔다는 점이 중요하다.

유럽 경제통합 과정에서 공동체 회원국들은 단일시장의 필요성에 공감했다고 갑작스럽게 단일시장 설립을 추진하지 않았다. 단일시장을 완성하기 위해 필요한 다양한 작업들, 예를 들어 다양한 장벽들의 점진적 제거 등을 수행하면서 단일시장을 완성하기 위한 여건을 조성했다. 물론 국제 환경의 변화에 적절히 대응하기 위한 방안으로도 단일시장의 설립을 추진하였다.

남북의 경우에도 부문 또는 분야별 경제통합이 진전되면 교역은

EU에서 한반도의 미래를 찾다

당연히 이전보다 확대될 것이고 시장 참여자들은 점차 불편을 해소하기 위한 장벽 및 규제를 제거하려 할 가능성이 높다. 이러한 것들이 축적되어 결국 상품, 서비스, 자본과 사람이 자유롭게 이동하는 단일시장을 형성하는 데 밑거름이 되는 것이다.

07

유럽 통합에 필수적인 국가 및 지역 간 격차 해소

    1952년 유럽석탄철강공동체를 출범하면서 6개국에서 출발한 유럽연합은 네 번의 확장을 통하여 양적인 확대를 경험하였다. 그런데 이와 같은 유럽 공동체의 지리적 확대는 경제적 격차를 가진 다양한 국가들이 회원국으로 가입하면서 회원국 간, 지역 간 (경제) 격차가 유럽 통합을 위한 결속력을 저해할 수도 있다는 우려를 확산시켰다. 1981년 그리스와 1986년 스페인, 포르투갈의 가입으로 유럽 지역의 불평등 현상이 광범위하게 나타나기 시작했는데, 특히 2004년 중동부 유럽 10개국이 새로운 회원국이 되면서 격차에 대한 인식이 더욱 확산하였다.

    이처럼 회원국이 지속적으로 확대되면서 회원국 간의 사회·문화·경제적 격차는 통합의 진전에 가장 큰 걸림돌로 여겨졌다. 결과적으로 경제통합 과정에서 지역 격차 문제는 피할 수 없는 중요한 쟁점이 되었고, 유럽은 지역 간 격차 완화를 위해 다양한 지역 정책

Regional Policy 또는 결속정책 Cohesion Policy 을 추진하였다. 대표적인 사례로 유럽은 1958년에 유럽사회기금(ESF, European Social Fund), 1964년 유럽농업지도 및 보장기금(EAGGF, European Agricultural Guidance and Guarantee Fund), 그리고 1975년 유럽지역개발기금(ERDF, European Regional Development Fund) 등을 설립하면서 지역 격차를 줄이기 위한 노력을 지속하였다. 이 중 유럽농업지도 및 보장기금은 2007년에 유럽농업보장기금(EAGF, European Agricultural Guarantee Fund)과 농촌 발전을 위한 유럽농촌개발농업기금(EAFRD, European Agricultural Fund for Rural Development)으로 대체되었다. 오늘날 유럽은 EU 총 예산의 1/3 이상을 지역 정책에 배분할 정도로 결속정책은 EU 정책 중에서 매우 중요하게 다루어지고 있다. 유럽 지역 정책을 수행하기 위한 기금별 사업지원 내용은 다음의 〈표3-1〉과 같다.

〈표3-1〉 유럽구조기금의 사업 지원 내용 [23]

구분	사업지원내용
유럽지역개발기금 (ERDF)	- 고용창출과 유지 지원 - 목표 1지역*의 범유럽 네트워크를 포함한 인프라 관련 프로젝트 지원 *목표 1지역: 개발이 필요한 낙후 지역으로 지역 총생산액이 EU 평균의 75% 미만 지역 - 지방기업 성장을 위한 교육·훈련, R&D, 환경보전 등을 위한 투자 지원
유럽사회기금 (ESF)	- 장기 실업자, 젊은 구직자, 노동 시장에서 소외된 노동자들을 지원하여 동등한 고용기회 창출 - 산업구조 변화에 대한 적응력 향상, 고용유지 및 성장, 과학 분야에서의 능력제고, 교육 및 훈련시스템 개발 등 지원

구분	사업지원내용
유럽농업지도 및 보장기금 (EAGGF)	- 구릉지 농업과 신 청년층 영농인 지원 - 영농개선, 마케팅 생산자 조직의 구성, 토지이용의 다양화 및 토양의 질 향상 지원 - 농촌 인프라 개선, 관광 여가 부문의 투자, 기타 수많은 자연 재해 예방, 서식지 및 마을 보전, 산림의 사용 등에 대한 프로젝트 지원
유럽어업기금 (FIFG)	- 선박의 현대화, 어획량 규제, 어업 발전, 민간 어장 보호, 항구시설 개선, 어업 생산 및 마케팅, 생산 증진, 기술적 지원, 어업 재구조화에 따른 어민의 개인적 비용부담 완화 등과 관련된 프로젝트 지원

유럽 공동체는 실제로 유럽경제 공간 내 지역 격차를 축소하고 제거하기 위하여 유럽 경제통합 초기 단계에서부터 노력을 기울여 왔다. 유럽이 경제 공간의 확대에 따른 지역 간 발전 격차의 문제를 어떻게 해결하여 통합을 심화해갔는지를 구체적으로 살펴보는 것은 한반도 경제통합 과제를 안고 있는 우리에게도 중요한 의미를 지닌다. 지역 간 발전 격차가 해소되지 않고서는 더욱 심화된 통합으로 나가는 데 많은 어려움이 수반되기 때문이다. 통합 과정에서 경제 단일화로 사회적 갈등과 지역 격차가 발생하게 될 것이고, 이를 해소하기 위한 사회적 비용의 지출 확대로 통합의 긍정적인 효과보다 부정적인 효과를 발생시켜 통합을 저해할 수도 있다.[24]

이것이 의미하는 바는 유럽의 완전한 통합은 경제적 측면에서 경쟁력 확대뿐만 아니라 공간적인 측면에서 지역 간 균형적 발전을 이룰 때 달성될 수 있음을 시사한다. 앞에서도 언급했듯이, 그동안 성공적인 지역 경제통합을 완성했다고 평가받고 있는 유럽조차 지역 격차는 통합 과정에서 불가피하게 발생했던 문제였고, 이에 지역 격차를 줄이기 위한 다양한 노력을 시도하였다.

　유럽 공동체의 지역 정책은 기본적으로 결속정책이다. 지역 정책은 경제적 차이를 보인 다양한 국가들이 회원국으로 참여하면서 지역 간 격차가 회원국들의 결속력과 유럽 통합의 확대를 저해할 수도 있는 우려에서 적극적으로 제기되었다.[25] 좁은 의미에서는 지역 정책의 동의어로 사용되는 결속정책은 넓은 의미에서 사회정책 Social Policy까지 아우르며 경제통합 초창기부터 실행되었다. 유럽은 1957년 체결된 로마조약 제2조에 회원국 간 조화로운 발전이 공동체의 주요 목표임을 명시하였다. 이를 토대로 회원국의 각 지역에 경제, 사회, 영토적 불균형을 없애고, 쇠퇴한 지역 산업 재건 및 농촌 지역의 경쟁력 향상을 위해 노력해왔다. 초창기 지역 정책은 6개 회원국 간의 지역 격차가 크게 심각하지 않았고, 프랑스의 주도로 이루어진 공동농업정책에 주도권을 빼앗겨 크게 관심을 받지 못했다. 하지만 회원국의 통합력 강화는 매우 중요한 과제였기 때문에 6개 회원국은 시장통합을 통한 역내 지역 간 격차 해소를 목적으로 1958년 유럽사회기금을 설립하였다.[26]

♦ 점진적인 지역 정책의 발전

유럽 지역 정책의 진일보 발전은 유럽 공동체의 1차 확대인 영국, 덴마크, 아일랜드가 회원국으로 가입했던 1970년대에 이루어졌다. 이들 국가가 유럽경제공동체에 가입함으로써 지역 격차가 확대되었다. 특히, 낙후된 아일랜드와 영국의 북부지역, 이탈리아 남부지역에 대한 지원의 필요성이 제기되었다.

이뿐만 아니라 1970년대 두 차례의 석유파동과 이로 인한 경기침체로 석탄, 철강, 조선, 섬유, 의류 등 전통 산업 지역이 쇠퇴함으로써 지역 격차가 더욱 확대되었다. 이로써 지역 정책의 문제는 본격적으로 공동체 차원의 문제로 대두하였다.[27]

당시 영국과 아일랜드는 이탈리아와 함께 지역 기금이 신설되지 않으면 당시 공동체가 추진하던 유럽통화동맹European Monetary Union에 불참하겠다고 협박하면서 지역개발기금 마련을 강력히 요구하였다.[28] 이에 유럽 공동체는 1972년 10월 파리 정상회담에서 유럽지역개발기금을 그 이듬해까지 설립하기로 약속하였다. 그 결과 1975년 낙후 지역과 산업 구조 전환에 어려움을 겪고 있는 지역을 지원하기 위한 ERDF가 설립되었다.

특히, ERDF는 역내 저개발 지역 또는 경제적 전환 과정에 있거나 구조조정의 어려움을 겪고 있는 지역을 지원하면서 지역 정책의 핵심적 역할을 담당하였다. 그리고 1984년 유럽 공동체는 ERDF의 개혁을 단행하여 그동안 영국과 이탈리아 등에 70% 가까이 집중되어 있었던 ERDF 지원 규모를 줄였고 그보다 낙후된 지역의 발전과 사양 산업 지역의 전환 사업에 과감히 투자했다.

1980년대 지중해 지역의 그리스, 스페인, 포르투갈이 유럽공동체에 가입하면서 공동체 차원의 지역 정책의 필요성에 대한 요구는 점점 확대되었다. 남부 유럽 국가들은 기존 회원국들과 비교해 상대적으로 낙후된 지역으로 지역 격차 문제가 더욱 심화되었다.

한편, 1986년 단일유럽의정서 체결과 단일시장 환경이 조성되면서 지역 정책의 변화가 필요했다. 무엇보다 단일시장 완성이 지역 간 격차를 더욱 확대하는 계기로 작용하여, 결국에는 공동체 회원국의 사회적 통합이 더욱 어렵게 될 것이라는 우려가 확산하였다. 이에 유럽은 단일유럽의정서 조약 제130조에 경제 및 사회적 결속 Economic and Social Cohesion 항목을 추가하였고 회원국 간 결속을 위해 공동체 지역 정책을 더욱 강화해 나갔다.

결과적으로 EU는 소득 수준이 낮은 회원국들의 요구에 따라 낙후 지역을 지원하기 위한 유럽지역개발기금, 유럽사회기금, 유럽농업지도 및 보증기금 등 구조기금 규모를 크게 증액하는 동시에 저소득 회원국의 환경 개선과 교통망 구축 등을 지원하기 위한 결속기금 Cohesion Fund 을 1993년에 창설하였다. 다시 말해, 1980년대 유럽공동체는 단일시장 형성으로 인해 발생할 수 있는 저소득 회원국들의 경제적 손실을 보상하기 위해 지역 정책의 제도를 지속적으로 개혁하였다.

2004년 이후 중동부 유럽 국가의 유럽연합 가입으로 유럽 공동체에 새로운 저소득 회원국 그룹이 출현하였다. 이로 인해 EU의 지역 정책도 큰 어려움에 봉착했다. 중동부 유럽 국가들의 가입으로 가장 부유한 지역과 가장 빈곤한 지역의 1인당 GDP 격차는 EU가 15개 회원국일 당시 5분의 1 수준에서 27개 회원국으로 확대된 이후 13분의 1 수준으로 확대되었고 1인당 평균 GDP는 약 18%가 감소하였다. 사실 EU는 중동부 유럽의 가입으로 인한 역대 최대의 회원국 확대를 앞두고 '리스본 전략Lisbon Strategy'과 '어젠다 2000 Agenda 2000'등의 지역 정책 관련 보고서를 발간해 2000년 이후 EU 지역 정책의 방향을 제시했다. 핵심 내용은 모든 지역이 골고루 혜택을 받는 구조기금 지원 제도를 개혁해 낙후지역에 집중하겠다는 것이다.[29]

또한, 2007년 1월에는 불가리아와 루마니아가 새롭게 EU에 가입해 EU 회원국은 총 27개국으로 늘어났다. 이 두 국가의 평균소득은 EU 27개 회원국 1인당 평균소득의 35% 수준 정도에 지나지 않아 회원국 간의 경제적 격차는 더욱 확대되었다. 이에 2005년 12월 개최된 유럽이사회에서 EU 다년간(2007~2013년 기간) 총예산 9,750억 유로 중 구조기금과 결속기금의 35.7%에 해당하는 3,474억 유로를 배정해 이 문제를 다루도록 했다.

유럽 집행위원회도 2006년 새로운 규정을 통해 기존 지역 정책의 목표를 3개로 정리했다. 첫 번째 목표는 '수렴 convergence'으로 저발전 지역 및 국가의 성장 촉진 여건을 조성해 실질적으로 경제적 수렴이 되게 하는 것이었다. 두 번째 목표는 '지역 경쟁력 및 고용 The Regional Competitiveness and Employment'으로 혁신이나 기업가 정신 제고, 노동자 재교육, 인적 자원 투자를 통한 고용 및 지역의 경쟁력을 강화하는 데 목적을 두었다. 마지막으로 세 번째 목표는 '유럽의 지역적 상호 협력 European Territorial Co-operation'으로, 이는 경험의 상호 교환과 지역 간 또는 국가 간 상호 협력과 지방 및 지역의 공동 이니셔티브 수행을 통해 초국가적 상호 협력을 강화하는 것이었다.

2013년 EU는 크로아티아를 새 회원국으로 받아들이면서 중동부 유럽 국가로의 확대를 끝냈다. 그리고 2년여의 논의 끝에 2013년 12월 '2014~2020년 다년간 프로그램'을 통해서 결속정책에 대한 최종 규정집 legislative package을 발간하였다. 2014~2020년 다년간 프로그램은 공동체 성장 지원을 위해 11개의 테마별 목표 thematic objectives를 설정하였는데, 주요 의제로 연구 및 기술 개발과 혁신의 강화, 저탄소 경제로의 이전 및 기후 변화 등과 같은 환경문제가 새롭게 포함되었다.

결론적으로 EU는 통합의 지리적 확대 과정에서 발생한 국가와 지역 간 발전 격차를 좁히고 균등한 발전을 추구하기 위해 다양한 지역 정책을 실행해 왔다. 지역 균등 발전을 위한 유럽의 노력은 한반도 차원의 조화로운 경제통합을 이끌어갈 때 참고해야 할 중요한 경험적 사례이다. 유럽의 경제 공간 확대와 더불어 발생한 불균등한 지역 격차를 유럽이 어떤 방식으로 극복해 나갔는지 살펴보는 것은 남북 경제통합 추진에 많은 시사점을 제공한다.

특히 남북 간 경제적 격차가 상당히 크다는 점을 고려할 때, 향후 남북 경제협력의 심화 과정에서 남북 간 격차 해소를 위한 정책 수립에 유럽의 지역정책 사례는 좋은 참고 자료가 될 수 있다. 무엇보다도 유럽 통합 과정에서 국가·지역 간 격차가 결속력을 약화시키고 통합에 저해가 될 수 있었다는 사실은 한반도 차원에서도 결속정책의 추진이 필요함을 입증하고 있다. 이에 한반도 차원에서 어떻게 결속정책을 추진해 나갈 것인지, 그리고 정책 수행을 위한 기금 형성, 기금 조달 방식 및 배분 방식 등도 남북이 향후 풀어나가야 할 문제들이 될 것으로 보인다. 이런 점에서 EU의 지역 정책 경험은 남북 모두에게 훌륭한 교훈이 될 수밖에 없다.

08

유럽 정체성European Identity 확립과 사회통합을 위한 노력

"우리의 유럽 통합 목표는 국가들의 결속이 아닌 사람들의 통합이다."

_Jean Monnet

6개국의 작은 유럽으로 출발한 유럽 통합은 2021년 현재 27개 회원국으로 구성된 공동체로 발전하였다. 유럽은 거대한 지정학적 실체일 뿐만 아니라, 사법적 정통성과 권위를 가진 하나의 행위자로 거듭 발전해왔다. 더욱이 국가와 마찬가지로 시민들이 직접 선거를 통해 선출한 유럽의회를 보유하고 있어, 점점 더 많은 유럽적 결정이 유럽인들의 일상을 파고들고 있다. 따라서 향후 유럽 공동체의 발전에 유럽인들의 공동 인식과 이를 바탕으로 한 유럽 시민 개개인의 협조가 무엇보다 필수적이다. 한마디로 말해, 유럽 정체성의 확립은 유럽 사회통합 문제와 직결되는 문제이다. 무엇보다 중요한 것은 유럽 정체성의 확립은 유럽 시민의 사회적 연대감 조성에 이

바지하고 있다는 점이다.

일찍이 모네가 "유럽 통합의 목표가 국가들만의 결속이 아닌 사람들의 통합으로 나아가야 한다."라고 언급했던 점은 이러한 맥락에서 이해할 수 있다. 유럽이 하나라고 하는 '유럽 인식'은 공동의 역사의식과 정체성 없이 확립되기에는 많은 한계가 있었다. 법과 규정만으로는 장기적인 결속을 다지기가 매우 어렵기 때문이다. '유럽인들 스스로가 유럽이라는 집단적 정체성을 어떻게 인식하는가?' 그리고 '유럽과 유럽인이 된다는 것은 무엇을 의미하며, 유럽인이라는 인식을 통해 앞으로 공동체의 발전을 어떻게 이끌 것인가?' 등과 같은 질문들과 이에 대한 답은 향후 공동체 발전을 주도하는 결정적인 요소가 되었다.

더욱 확고한 결속력을 바탕으로 성장하는 유럽은 유럽이라는 공동의 인식 및 정체성을 가진 시민들의 적극적인 참여와 노력으로 이루어졌다. 이러한 관점에서 EU가 사회통합을 지향하는 유럽 정체성 확립을 위해 어떠한 노력을 기울였는지를 살펴보고자 한다.

유럽은 크게 네 번의 확대 과정을 통해 양적이고 질적인 변화를 경험하면서 국민국가 차원을 넘어선 새로운 유럽 정체성을 규명해야 할 필요성에 직면하게 되었다. 1973년 첫 번째 확장을 경험했던 유럽은 이 문제를 중요하게 인식하기 시작하였고 코펜하겐에서 유럽 정체성 선언 Declaration on European Identity 을 채택하였다. 마침내 유럽은 유럽 통합 과정에서 유럽 정체성이 가지는 의미를 공식적으로 인정한 것이었다.

이 선언과 더불어 유럽은 다양한 분야의 정책·제도적 방안을 마련하는 등 공식적으로 정체성 확립을 위한 노력을 시작하였다. 유럽의 확대와 더불어 유럽은 특히 위기와 전환의 시기에 유럽 정체성 문제를 지속적으로 제기하였다. 유럽 정체성 문제는 EU의 지속 가능성 및 방향성과 직접적으로 관련이 있기 때문이었다. 1973년 유럽 공동체의 제1차 확대 시에도, 2004년 중동부 유럽 국가들이 유럽연합에 가입함으로써 EU가 크게 확대되었던 때도, 그리고 2005년 프랑스와 네덜란드가 유럽 헌법의 비준에 실패함으로써 EU가 미래에 대한 방향성을 상실하였을 때도 유럽은 또다시 유럽 정체성에 관한 질문들을 던졌다.

특히, 당시 조약의 형태로 구성된 유럽 헌법이 프랑스와 네덜란드의 국민투표에서 부결되자, EU 내에서 유럽 정체성의 강화와 반성의 필요성이 강력하게 제기되었다. 프랑스의 유럽 헌법 비준 거부 직후 당시 룩셈부르크 총리였던 융커 Jean-Claude Junker 는 "유럽 통합 과정에서 국민과 국가의 이해 충돌로 인하여 이제 유럽은 사람들에게 꿈을 가지게 할 수 있는 능력을 상실해 버렸다."라고 한탄하였다. 이러한 위기의식은 유럽연합의 존속과 관련하여 유럽 정체성에 대한 심각한 반성의 기회를 제공하고 정체성 강화의 필요성을 인식하게 하였다.

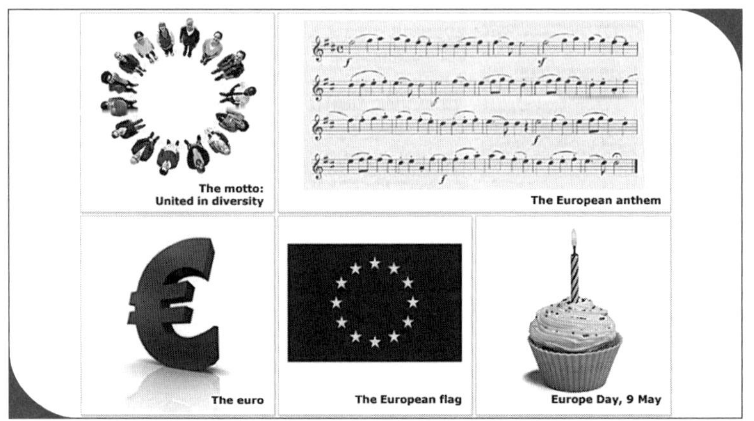

EU의 상징으로는 EU의 모토인 '다양성 속의 조화', 베토벤의 9번 교향곡 중 '환희의 송가(The Ode to Joy)' 전주 부분인 유럽가(European anthem), 슈만이 ECSC 제안을 한 날을 기념한 유럽의 날(5월 9일), 유럽 대륙을 상징하는 청색 바탕에 유럽 시민의 단결, 연대감 및 조화를 상징하는 12개의 황금별이 원형을 이루고 있는 유럽 국기, 그리고 유로화 등이다.
*출처: European Commission

♦ 유럽연합의 정체성 제고와 교육정책

유럽연합의 정체성 정책은 매우 다양하다. 우선 가시적인 상징, 예를 들어, 유럽 국기, 유럽가, 유럽의 날들을 공유하고, 유럽 시민권 정책이나 유럽의회로 대변되는 유럽 시민사회의 민주적 정통성을 강조함으로써 유럽 의식을 높이려고 한다. 아울러 공동시장, 공동의 법, 공동 외교안보정책, 유럽적 차원의 교육정책과 문화 및 역사정책(예: 정체성을 함양하는 역사서술 강조, 유럽적 차원의 전시회, 유럽박물관, 역사 및 문화 프로젝트 지원, 홀로코스트에 대한 공동의 기억 정책 등)도 유럽의 정체성 정책이다.

이 중 대표적인 것이 유럽 차원의 교육정책과 문화정책이다. 우선 교육정책은 출생으로 유럽인이 되는 것이 아니라 교육을 통해서 유럽인이 된다는 인식을 전제로 한다. 교육정책은 교육을 통해 유럽에 속한다는 유럽의식의 함양뿐만 아니라 유럽적 결정들과 유럽 공동체 시민으로서의 과제를 인지하고 실현할 수 있는 역량을 키우는 데 방점을 둔다. 다음으로 유럽 통합에 대한 정서적인 연대성을 제고하는 EU 문화정책이 있다. 그 큰 기둥을 이루는 것 중의 하나가 바로 유럽문화수도 European Capital of Culture 사업이다. 이는 유럽인들이 공동 문화공간을 통해 더욱 질적인 사회통합을 지향한다는 점에서 중요한 의미를 가진다.

유럽의 교육 분야 협력은 유럽 시민들에게 더 많은 기회를 제공하고 더 나은 경제생활의 토대가 될 뿐만 아니라 교육시스템의 소통체계를 개선한다는 의미에서 적극적으로 추진되었다. 초기 교육협력은 노동자의 직업교육과 같은 경제적인 이유로 시작되었다. 이는 유럽 경제통합 과정에서 부차적으로 필요한 분야의 협력이었다.

교육문제를 처음 언급한 계기는 1955년 메시나 회의에서였다. 이 회의에서 서독 대표였던 할슈타인 Walter Hallstein 이 유럽대학 European University 을 설립하자는 의견을 제시했다. 유럽대학 설립 제안은 당시 참가국으로부터 큰 호응을 얻지 못했으나 민감한 용어였던 교육이라는 용어를 처음으로 사용하였다는 점에서 EU 교육정책의 중요한 출발점이라 볼 수 있다. 유럽 공동체가 교육에 더욱 관심을 두기 시작한 것은 1970년대부터였다. 1971년 11월 EU 역사상 처음으로 회원국의 교육 담당 장관회담이 개최되었다. 당시의 논의 내용은 주로 경제발전을 위한 노동 인력 훈련에 관한 것이었으나, 이는 첫 번째 교육 담당 장관 모임이라는 점에서 중요한 의의가 있다.[30] 그리고 1976년에는 최초로 실행프로그램이 수립되고 상임교육위원회가 설립되었다. 그렇지만 당시 교육정책은 법적으로 제도화되지 못하였기 때문에 교육 프로그램의 실행에 큰 변화를 가져오지 못하였다.

1992년 공동체 차원에서 교육에 관한 법적 토대가 마련되었다. 평생교육의 필요성, 즉 교육을 통한 유럽인들의 정신적 공유와 연대감 조성 및 유럽 시민의 경쟁력 향상이 절대적으로 필요함을 인식하고 EU는 마스트리흐트 조약에 이를 명시하였다. 마스트리흐트 조약 제126조와 127조에서 처음으로 청소년과 일반인에 대한 교육과 직업교육 정책에 대해 구체적으로 표명하였다.[31] 이후 EU는 지속적으로 다양한 교육 프로그램을 통해 교육뿐만 아니라 평생교육을 실행하고 있다.

EU는 현재 소크라테스, 레오나르도 다 빈치, 청소년 프로그램 등을 실행하고 있다. 소크라테스 프로그램은 공교육 및 비공식 교육, 보육원에서 대학교육까지 모든 분야의 학업을 포함시키고 국가 간 교육협력을 추진하기 위한 목적에서 실행되었다. 반면, 레오나르도 다 빈치 프로그램은 직업교육과 연수 및 재교육을 목표로 하는 프로그램으로 주로 직업 훈련에 초점이 맞추어져 있다. 이러한 교육 프로그램은 횡적 및 종적으로 서로 연계되어 있으며 내부의 협력을 위한 추가 보완조치 프로젝트를 가지고 있다.[32]

<표3-2> EU의 다양한 교육 프로그램

EU의 교육 프로그램	핵심 운영 프로그램	교육대상 및 교육내용
소크라테스 (일반교육 프로그램)	에라스무스 (Erasmus)	- 대학 간의 협력(1987년 시작) - 유럽 대학생 교류 활성화(대학생과 연구원 및 교수들의 교환) - 연구안의 공동개발 - 교과과정 발전 계획의 보급과 적용 - 유럽대학 학과들의 주제별 네트워크 형성 - 유럽의 학점교류 시스템과 언어과정 지원
	링구아 (Lingua)	- 언어교육 프로그램(1989년 시작) - TV나 라디오, 신문, 영화 등을 이용한 외국어 습득 - 경시대회 개최
	코메니우스 (Comenius)	- 유아, 초등, 중등 교육(1995-1999년 1차 프로그램 시작) - 교육 협력 증진을 목적으로 학교 간 협력 프로그램, 유럽 공동체 간 문화교육을 위한 현장 활동, 교사와 교직원에 대한 연수 및 교류, 언어 습득을 위한 이동과 실습의 장려, 다문화적 환경에의 적응과 소외 그룹 등을 지원
	그룬비그 (Grundtvig)	- 학교 교육으로부터 소외된 성인교육(2000년 시작) - 직업에 상관없이 교육 수준이 다양한 사람들 사이의 협력을 권장하고 교육 파트너를 창출해 내며 정보교환 - 특히, 사회에서 소외된 자들과 약자들 및 기본교육을 받지 못한 사람들을 지원
	미네르바 (Minerva)	- 정보·통신기술 교육을 지원 - 새로운 교육법, 혁신에 대한 이해, 공개수업과 원격학습에 대한 경험과 성과를 교환하기 위해 학생과 교육 종사자, 멀티미디어 종사자, 시민사회를 후원
레오나르도 다 빈치 (직업교육 및 재교육)		- 직업교육 지원(1995-1999년 1차 프로그램 시작) - 국가를 초월하여 같은 직종에 편입되거나 재편입을 위한 교육 - 직업능력의 질 향상 및 기술·조직적 변화에 쉽게 적응하기 위한 재교육 - 경쟁력의 배양과 기업가 정신의 육성, 혁신을 위한 직업교육에 기여

EU의 교육 프로그램들은 상당한 성과를 내고 있으며 또한 긍정적인 평가를 받고 있다. EU의 교육정책은 다양한 교육협력 프로그램을 통해 서로 소통하고 교류하며 EU의 모토인 '다양성 속의 통일'을 추구한다는 점에서 중요성을 가진다. 동시에 교육정책은 문화정책과 긴밀한 연계 속에서 시행되며 사회적 연대감을 다지고 소속감을 고취함으로써 유럽 정체성 제고에 기여하고 있다.

◆ 공동체 차원의 노력으로 이루어지는 문화정책

다음으로 문화정책 Cultural Policy 은 유럽의식의 함양과 유럽 정체성의 형성을 촉진함으로써 통합의 수준을 높이기 위한 공동체 차원의 노력이다. EU의 문화정책은 획일적인 유럽문화의 탄생을 지향하는 것이 아니라 '다양성 속의 통일' 또한 추구하고 있다. 이러한 문화정책은 통합 초기부터 꾸준히 논의되어왔으나, 마스트리흐트 조약을 통해 공식적인 정책 영역으로 등장했다. 마스트리흐트 조약의 제128조는 EU가 추구하는 문화정책의 방향을 다음과 같이 제시하고 있다.[33] EU는 공동의 문화유산을 강조하면서 동시에 국가 또는 지역적 다양성을 존중하고 유럽 차원의 문화적 협력과 교환의 중요성을 명시하고 있다. 이에 따라 EU는 1990년대 중반부터 〈표3-3〉과 같은 문화정책 프로그램을 채택하여 실행하고 있다.

프로그램 명칭	내용
칼레이도스코프(Kaleidoscope)	예술 및 문화 활동 지원
라파엘(Raphael)	문화유산 보존 및 지원
아리안(Ariane)	도서 · 출판 및 문학 번역을 지원

이와 같은 다양한 문화 프로그램을 통해 EU는 문화적 협력과 예술작품 순환을 장려하고 특히 사회문화 발전에서 문화적 범주를 확장시키고자 하였다. 1990년대에 시행된 이 세 프로그램은 2000년에 들어서 일원화된 하나의 프로그램인 '문화 2000 프로그램Culture 2000 programme'으로 통합되었다. 2000년부터 7년간 진행된 문화 2000 프로그램의 목표는 유럽인들에게 유럽 공통의 문화에 대한 인식 제고, 각 회원국들이 일궈온 문화적 다양성을 장려, 이를 통한 EU 차원의 문화 예술을 진흥하기 위함이었다. 특히 2004년 동구권 국가들의 EU 가입을 계기로 새로운 회원국 국민들의 소속감을 강화시키기 위한 문화정책 프로그램이 실행되었다.

EU의 문화정책 중 '유럽문화수도 사업'은 문화정책 프로그램의 핵심 사업 중 하나이다. 1980년대 새로운 통합의 모멘텀을 찾고 있던 EU는 유럽 통합을 진전시키기 위해 정치협력의 필요성을 인식하였고, 정치협력은 바로 회원국 간 문화 교류를 활성화함으로써 가능하다는 판단에 이르렀다.[35] 1985년 개최된 문화부 장관 각료이사

회에서 당시 그리스 문화부 장관이었던 멜리나 메르쿠리 ^{Melina Mercouri}
가 유럽문화수도 프로그램을 제안하였다. 처음 주장한 회원국이 그
리스임을 감안하여 첫 유럽문화수도 행사는 그리스 아테네에서 개
최되었다. 그 뒤를 이어 피렌체, 암스테르담, 서베를린, 파리, 글라스
고, 더블린, 마드리드 등의 순서로 개최되었으며 오늘날까지 30년
넘게 지속되고 있다.[36] 해마다 EU는 1~3개 도시를 선정해 다양한
문화 활동의 거점 도시로 지원함으로써 유럽 공동의 문화를 부각시
키고 유럽인들의 참여를 통한 연대의식 함양을 목표로 한다.

무엇보다 유럽문화수도 프로그램은 프로그램 기획과 운영 과정
에서 유럽 시민들의 자발적이고 적극적인 참여를 독려하여 그들로
하여금 유럽문화의 다양성에 대한 이해의 폭을 넓히고 EU에의 소
속감을 제고하는 역할을 했다는 점에서 중요한 의의를 지닌다. 도시
는 EU의 공식 절차를 통해 선정되며 일정 부분 재정 지원도 포함된
다. 특히 문화수도 행사는 일 년 내내 개최된다는 점에서 여타 문화
관련 행사들보다 훨씬 큰 규모를 자랑하고 있다. 오늘날 유럽문화수
도 행사에 대한 인지도도 상당히 높다. 이 프로그램은 개최지 고유
의 문화적 특성을 접하고, 궁극적으로는 EU의 틀 안에서 문화적 다
양성이 공존하고 있다는 유럽 정체성의 근간을 이해하는 과정으로
진행된다는 점에서 중요하다.

사회통합을 위해 EU가 추진해 온 다양한 교육 및 문화정책은 향
후 한반도가 경제통합의 과정에서뿐만 아니라 더 심화된 형태의 정

치, 사회, 정서 통합을 지향하는 과정에서 반드시 고려해야 하는 정책 분야이다. 지역통합의 가장 성공적인 사례인 유럽 통합의 경험에서 볼 수 있듯이, 남북 경제통합에 대한 남북 주민들의 공감대 형성과 우호적인 협조 없이는 통합을 위한 협력을 이끌어내는데 한계가 있을 수밖에 없다. 다시 말해 남북이 한민족이라는 집단적 정체성 및 정서통합을 위해 노력하는 과정은 사회통합으로 가는 지름길이 될 것임은 자명하다.

무엇보다 EU의 교육정책과 문화정책은 공동체의 정서적 연대를 위한 시민의 협조를 적극적으로 이끌어낼 수 있었다는 점에서 의미가 있다. EU의 경험에서처럼 한반도 통합을 이끌어가는 근본적인 동인은 공동체에 속해있는 사람들이 가지는 공동체에 대한 소속감이 중요하다는 것을 다시 한번 확인하게 된다. 이를 위한 대표적인 정책 방안이 교육과 문화 분야의 협력이다.

주

1 ‘United in Diversity’는 ‘다양성 속의 통합’으로 번역되기도 한다. 그러나 여기서는 주한유럽대
표부(Delegation of the European Union to the Republic of Korea)’에서 사용하는 ‘다양성 속
의 조화’라는 번역을 사용한다.

2 서울대학교 통일평화연구원(2021), ‘2020 통일의식 조사’

3 통일연구원의 보고서는 세대를 ‘전쟁 세대(1950년도 이전 출생자)’, ‘산업화 세대(1951~1960
년 출생자)’, ‘586 세대(1961~1970년 출생자)’, ‘X 세대(1971~1980년 출생자)’, ‘IMF 세대
(1981~1990년 출생자)’, 그리고 ‘밀레니얼 세대(1991~2002년 출생자)’로 구분하고 있다.

4 이상신 외(2020), ‘KINU 통일의식조사 2020: 주변국 인식 비교연구’, 《KINU 연구총서 20-
25》 서울: 통일연구원.

5 서울신문(2021.4.22.), ‘2030에 통일 강요 말아야. 中과 척지는 게 옳은지 잘 판단을’ (이인영
통일부장관 인터뷰).

6 Rose, Richard(2015), Representing Europeans: a pragmatic approach, Oxford: Oxford
University Press.

7 David Mitrany, David Mitrany, A working Peace System. An argument for the Functional
Development of International Organization (London, 1944); David Mitrany, The
Functional Theory of Politics (London, 1975).

8 이옥연 외(2011),《유럽의 정체》, 서울: 서울대학교출판문화원.

9 Jean Monnet, Mémoires, Paris, (Le livre de Poche, 2007).

10 Jean Monnet, Mémoires, Paris, (Le livre de Poche, 2007).

11 Alan S. Milward, The European Rescue of the Nation-State, (London, 1992).

12 Gérard Bossuat, L’Europe des Franéais, 1943-1959, (Paris: Publication de la Sorbonne,
1996), pp. 436-437.

13 FJME(Fondation Jean Monnet pour Europ); FJME AMG 5/1/5: Note de réflexion de Jean
Monnet (03.05.50) [note confidentielle].

14 FJME AMG 5/1/3: Note de réflexion de Jean Monnet, (28.04.50).

15 Jean Monnet, Mémoires, Paris, (Le livre de Poche, 2007).

16 Ernst Weisenfeld, Quelle Allemagne pour la France?, Armand Colin, 1989, p. 13.

17 FJME AMI 65/2/11: Interview de Jean Monnet au “Monde”, (1966. 06. 14.).

18 DDE Library, Eisenhower paper, 1941-1983.

19 한국은 1973년부터 2005년까지 약 30여 년에 걸쳐 110V에서 220V로 표준전압을 올리는 승
압사업을 진행하였고, 이 사업에 투입된 비용만 1조 4,000억 원에 이를 정도로 대규모 사업이었
다(아시아경제 2020.02.04. ‘220V와 110V의 차이’). 미국, 일본, 대만 등이 220V로의 승압에

따른 장점에도 불구하고 여전히 110V를 사용하는 이유는 승압 작업에 천문학적인 비용이 들기 때문이다.

20 윤성욱(2012), '자유무역협정(FTA)을 통한 국제표준 경쟁: 한-EU FTA 전기전자 분야를 중심으로'《국제지역연구》16(4), pp.151-174.

21 윤성욱(2009), 'EU의 기술규정 통합과정 분석: New & Global Approach를 중심으로'《EU연구》25호, pp.23-56.

22 통합유럽연구회,《조약으로 보는 유럽 통합사》, 높이깊이, 2016. pp. 276-277.

23 김은경,《EU 지역정책의 변화와 정책적 시사점》KIEP, 2008.

24 문남철, 'EU확대에 따른 지역정책 및 지역격차 변화',《한국경제지리학회지》제13권 제3화, 2010, p. 442.

25 김은경,《EU 지역정책의 변화와 정책적 시사점》KIEP, 2008.

26 김은경,《EU 지역정책의 변화와 정책적 시사점》KIEP, 2008. pp. 18.

27 문남철, 'EU확대에 따른 지역정책 및 지역격차 변화',《한국경제지리학회지》제13권 제3화, 2010, p. 444.

28 이종원(외),《EU 28 유럽 통합의 이해》, 도서출판 해남, 2014, pp. 80.

29 문남철, 'EU확대에 따른 지역정책 및 지역격차 변화',《한국경제지리학회지》제13권 제3화, 2010, p. 447.

30 오정은 '유럽연합의 발전과 과제 ; 유럽연합 교육정책의 현황과 전망',《민족연구》39권 0호, 2009, pp. 71-72.

31 사순옥, '유럽연합(EU)의 교육정책과 교육협력 프로그램',《외국어로서의 독일어 (DaF in Korea)》22권, 2008년, pp. 199-200.

32 사순옥, '유럽연합(EU)의 교육정책과 교육협력 프로그램',《외국어로서의 독일어 (DaF in Korea)》22권, 2008년, p. 202.

33 오정숙,《프랑스의 유럽, 유럽화된 프랑스-프랑스와 유럽연합의 문화정책》,《프랑스학연구》제41권, 2007, p. 231.

34 이종원(외),《EU 28 유럽 통합의 이해》, 도서출판 해남, 2014, p. 112.

35 European Council, "Solemn Declaration on European Union", Stuttgart, Bulletin of the European Communities, No. 6/1983 (1983), p. 25.

36 윤성원, '유럽연합과 문화이벤트: 유럽문화수도 프로그램의 통합적 기제로서의 역할 및 동북아 공동체 구상에의 함의',《세계지역연구논총》35권 3호, 2017, p. 189.

제4장
한반도 경제통합 방향

윤성욱(한반도 평화친선대사, 충북대학교 정치외교학과 교수)

남북의 경제통합 추진이 실현된다면 경제통합의 역사에서뿐만 아니라 전 세계 평화 구축을 위한 노력에 훌륭한 귀감이 될 것이다. 경제통합을 향해 남북이 걸어가야 하는 길에는 수많은 위기가 도사리고 있을 것이다. 그러나 위기를 기회로 삼았던 유럽 통합의 교훈처럼 남북도 한반도 경제통합을 묵묵히 수행해 나간다면 통일로 가는 길도 앞당겨질 수 있다.

01

왜 남북 경제통합이
필요한가

"유럽연합은 세계 분쟁 해결의 역사에서 최고의 사례이다."

_ John Hume, Nobel Lecture, Oslo. December 10, 1998

1998년 체결된 '벨파스트 협정(Belfast Agreement, 일명 Good Friday Agreement)'의 산파 역할로 1998년 노벨상을 수상한 존 흄John Hume은 '유럽연합이 세계 분쟁 해결의 역사에서 최고의 모범'이라고 강조하였다. 유럽 통합의 시작부터 지금까지 유럽 통합이 확대 및 심화되면서 우리는 유럽 통합이 대부분 경제 분야에서의 통합이라고 인식하고 있다. 물론 완전히 틀린 말은 아니다. 그러나 무엇보다도 간과해서는 안 되는 유럽 통합의 목표는 더 이상 전쟁이 없는 유럽 대륙을 만드는 것, 다시 말해 유럽 대륙에 항구적인 평화를 정착하는 것이었다.

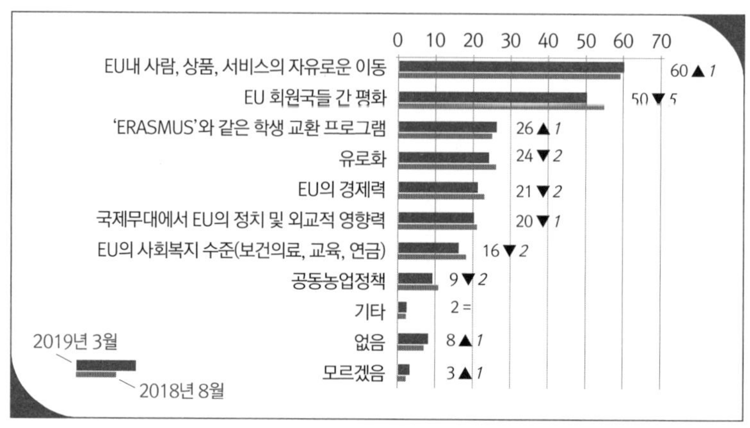

유럽통계청(Eurostat)이 2019년 3월에 발표한 특집 유로바로미터(Eurobarometer)에 따르면 EU 회원국 간 평화가 유럽 통합의 가장 긍정적인 결과 중 2위(50%)로 조사되었다. 특히 주목할 만한 결과는 '평화'를 선택한 응답 비율은 독일(71%)과 프랑스(57%)에서 높다는 점이다.

*출처: European Commission

이러한 점은 유럽통계청이 EU 시민들을 대상으로 한 설문조사에서도 볼 수 있다. EU 시민들은 유럽 통합의 가장 긍정적인 결과로 '상품, 서비스, 사람의 자유로운 이동'을 꼽고 있다. 이는 단일시장이 완성됨으로써 가능한 것이다. 설문조사 응답자 중 약 절반이 선택한 항목이 'EU 회원국 간 평화'이다. 2014년과 2018년의 설문조사 결과보다 응답 비율이 다소 낮아지긴 했으나, 이는 유럽 대륙에 평화 정착이 어느 정도 공고해졌음을 의미한다고 해석될 수 있다.

1957년 로마조약 이전 반세기 동안 유럽지역에서는 무려 12차례 전쟁이 발생했다. 말 그대로 유럽 대륙은 끊임없는 전쟁터였다. 그러나 로마조약 이후 현재까지 유럽 대륙에는 평화의 시대가 찾아

왔고, 이렇게 오랜 기간 동안 유럽 대륙에서 단 한 건의 전쟁도 발생하지 않은 적은 역사상 없었다.

또한 제2차 세계대전과 냉전의 유물이었던 동유럽 국가들도 정치·경제적 체제 전환과 함께 EU 회원국으로 가입하였다. 이데올로기와 체제, 그리고 국제무대에서 힘의 정치로 인해 동서로 양분되었던 유럽 대륙이 하나로 통합되어 이념과 갈등을 극복하는 모습을 보였다. 이 모든 성과들은 유럽 통합으로 인해 이루어진 것들이다. 결국 유럽 통합은 평화와 번영이라는 목표를 위해 다수의 국가들이 자발적으로 주권을 포기하고 이루어낸 역사적 산물이라고 할 수 있다.

우리가 '한반도에서 경제통합이 필요하다.'라고 강조하는 것도 별반 다르지 않다. 한반도의 경제통합이 다양한 부문에서 남북의 경제 발전에 긍정적인 영향을 줄 것임에는 틀림없다. 남북한 경제통합은 우리 민족의 질적인 삶을 격상시킬 수 있을 뿐만 아니라 남한 경제의 새로운 성장 동력이며 북한의 국제사회로의 편입을 통한 경제발전, 그리고 시장통합을 통한 규모의 경제 실현 등을 예상할 수 있다.

그러나 무엇보다도 중요한 점은 남북한 경제협력 심화를 통한 경제 통합이 한반도에서 정치 및 군사적 긴장 완화를 넘어서 영구적인 평화 정착, 그리고 궁극적으로 남북통일로 가는 가장 핵심적인 과정이 된다는 점이다. 한국은 제2차 세계대전 이후 민주주의의 정착과 경제발전을 성공적으로 이룩한 모범 국가로 전 세계의 찬사를 받아왔다. 이에 한반도의 평화 정착은 냉전의 마지막 유물인 한반도의 분단을 극복한다는 의미가 있다. 동시에 국제 평화 확산에 한반도 평화 정착이 새로운 모델이 될 수 있고 한국이 주도적인 역할을 할 수 있는 국가로 자리매김하는 계기가 될 수 있다. 남북 경제통합은 이러한 목표들을 달성하기 위한 핵심 과제임에 틀림없다.

02

남북
경제통합을 위한 준비

1장과 2장을 통해 살펴본 유럽의 통합 과정은 한 마디로 험난한 여정이었다고 묘사할 수 있다. 어려운 시대적 상황을 극복하기 위한 국가들 사이에 자국 이익을 위한 갈등과 협상, 대내외적 변화에 따른 다양한 위기 발생, 회원국의 이탈로 인한 혼란, 그리고 최근의 코로나19 팬데믹에 따른 국가 이기주의 현상까지 유럽 통합 과정에서 발생한 위기는 말로 다 설명할 수 없을 정도로 다양하였다. 이러한 위기 때마다 이를 극복하게 해주었던 요인들이 있었다. 그 요인들도 정치 지도자의 리더십부터 통합 프로젝트를 관리할 수 있는 제도 구축, 국가들의 정치적 의지, 그리고 회원국 간 대화와 협상을 통한 문제 해결까지 다양하다.

그러나 유럽 통합의 노력이 후퇴하지 않고 계속적으로 진전할 수 있는 가장 중요한 요인은 무엇보다도 공동의 이익과 목표라고 할 수 있다. 앞서 EU 시민들이 생각하는 유럽 통합의 가장 긍정적인 결과 1, 2위가 단일시장과 평화 정착이라는 사실에서 알 수 있듯이, 유럽 통합의 핵심적인 목표는 유럽 대륙의 평화와 번영이다. 누구도 더 이상의 전쟁을 원하지 않았고, 모두가 전쟁의 폐허에서 벗어나 경제 회복을 통한 풍요로운 삶을 영위하기를 원하였다. 이러한 공동의 목표가 결국 유럽 통합으로 결실을 맺어 오늘날에 이르렀다.

또한 어려운 과정이지만 유럽 통합이 성공적으로 진행될 수 있었던 데는 유럽 국가들 간의 체제적 유사성이 있었기 때문이다. 인종, 문화, 언어, 전통 등에서 다양한 국가가 통합을 이루었기에 '다양성 속의 조화'를 강조했지만, 근본적으로 회원국들은 민주주의 정치 체제와 시장경제 체제를 기반으로 한다는 공통점이 있다.

이러한 관점에서 보면 남북 경제통합은 논의의 시작부터 어려움이 예상된다. 바로 정치 및 경제 체제의 상이성 때문이다. 과거 남북 경제통합 또는 경제공동체 창설의 논의는 일반적으로 어느 한쪽 체제로의 흡수를 상정하고 진행되었다. 우리 입장에서는 당연히 우리의 민주주의와 시장경제 체제로의 통합을 강조했다. 이는 우리가 지닌 체제의 우수성과 체제가 표방하는 가치에 기인한다.

다른 한편으로 우리 체제를 기반으로 하는 경제통합은 북한의 붕괴 가능성을 전제로 하는 경우가 많다. 물론 여러 시나리오 중 하나로 검토될 수는 있지만 북한의 붕괴에 따른 흡수 통일과 경제 통합은 예상치 못한 정치·경제·사회적 혼란을 야기할 여지가 매우 높다.

지금 우리가 논의하는 남북 경제통합은 북한의 붕괴 등과 같은 갑작스런 변수에 따른 통합이 아니다. 사회 전반에 혼란을 불러일으킬 통합을 의미하는 것도 아니다. 비록 서로 다른 정치 및 경제 체제를 가지고 있고 오랜 분단으로 인한 상호 이해의 부족, 그리고 대내외적 환경 변화에 따른 상호 적대 정책이 지속되었음에도 평화와 번영이라는 목표를 달성하기 위한 통합을 추진해야 한다는 것이다. 무엇보다도 통합의 추진으로 인한 혼란이나 안보의 불안 등이 표출되지 않는 통합을 지향할 필요가 있다. 이를 위해서는 몇 가지 선결 조건들이 충족되어야 한다.

◆ 경제통합에 대한 공감대 형성 필요해

우선 남북 경제통합의 필요성과 정당성에 대한 국민적 공감대 형성이 필요하다. 이 책을 통해 지속적으로 강조하였지만, 남북 경제통합은 한반도의 평화와 번영이라는 목표하에 추진되어야 한다. 더 이상의 전쟁과 긴장이 없는 한반도의 평화 구축과 남북 공동 번영에 대한 중요성과 필요성은 아무리 강조해도 지나치지 않다.

특히 남북의 경제협력 노력에 대해 일종의 '퍼주기'라는 비판과 불신이 우리 사회에 자리 잡고 있음은 인정해야 한다. 북한의 어려운 상황(예: 식량난 또는 코로나19 백신 수급 부족 등)에 대해 우리 정부가 도움을 줄 수 있다면 이는 인도주의 차원의 원조이다. 물론 인도주의 차원의 남북 협력두 지속되어야 한다. 그러나 여기서 논이하는 경제협력의 심화와 경제통합은 별개의 문제로 다루어져야 한다. 한국 사회에 여전히 존재하고 있는 '퍼주기' 논란을 불식시키기 위해서라도 남북 경제통합은 북한만을 위한 사업이 아닌 남북 모두의 번영임을 강조해야 한다. 그래야만 남북 경제통합의 정당성도 확보될 수 있다.

이 책의 3장에서는 통일에 대한 우리 국민의 의식조사 결과를 인용하여 우리 사회의 '탈민족주의 통일'과 평화 공존에 대한 선호가 지속적으로 증가하고 있음을 보여주었다. 특히 젊은 세대에서 통일에 대한 부정적 인식이 높게 나타나고 있으며, 전쟁 경험 세대에서조차 통일보다는 평화 공존을 선호하고 있다는 점은 우리의 한반도 정책이 새롭게 정립되어야 함을 의미한다. 이런 관점에서 경제교류 확대와 심화, 나아가 경제통합을 통한 남북 공동의 번영은 단순히 통일을 지향하는 정책보다 국민의 눈높이에 부합하는 정책 방향이라고 할 수 있다.

동시에 북한 문제, 특히 미국을 비롯하여 중국, 러시아, 일본 등 북핵 문제 해결 관련 이해 당사국들뿐만 아니라 다른 주요국들(예: EU, ASEAN, 남미 등), 그리고 UN 등의 국제기구로부터의 남북 경제통합 작업에 대한 지지와 성원을 얻으려는 외교적 노력이 결부되어야 한다. 북한과 오랫동안 우호적인 관계를 유지해왔던 아프리카 국가

EU에서 한반도의 미래를 찾다

들을 그 대상에 넣는 것도 충분히 고려할 만하다. 미국을 비롯한 국제 사회의 지지는 또한 남북 경제통합의 정당성 확보에 힘을 실어 줄 수 있다.

남북 경제통합은 평화와 번영이라는 공동의 목표를 향한 남북 공동의 노력으로 이루어져야 한다. 이러한 관점에서 둘째, 북한의 경제 발전을 위한 전략과 정책을 반영하여 남북 협력이 추진되어야 한다. 기존의 남북 경제협력 논의는 주로 남한이 계획을 세우고 효과를 예측하는 방향으로 전개되는 경향이 많았다. 우리 헌법의 해석에 따른 한 국가로서의 북한 인정 여부와 상관없이 국제무대에서 북한은 하나의 주권국가로 존재하는 것이 현실이다.

우리와는 다른 방식이지만 북한도 자체적으로 경제가 운용되고, 다른 국가들과 교역에도 참여한다. 남북이 단독으로 외교관계를 수립한 국가들도 있지만, 남북 동시 수교국도 157개국이나 된다.[1] 우리를 비롯한 많은 국가가 중국과 수교를 위해 대만과 단교한 경우와는 엄연히 다른 상황이다. 북한은 하나의 주권국가처럼 경제 및 외교 활동을 하고 있다. 이런 북한이 자체적인 주력 산업 발전을 통한 산업화 계획이나 경제발전 계획과 정책이 없다고 믿는다면 그것은 지나친 편견일 것이다.

그러나 우리는 북한의 계획을 고려치 않거나 남북 경제의 격차가 크다는 이유로 남한은 계획을 수립하고 북한은 그 계획을 수용해야 한다는 논리에 매몰되는 경향이 있다. 이는 일종의 흡수 통합 방식이며, 이러한 관행이 고수된다면 정상적이며 지속 가능한 남북 경제통합은 요원해질 수밖에 없다.

우리는 유럽 경제통합 과정에서 프랑스가 어떻게 독일을 대우했는지를 보았다. 전범국이자 프랑스를 점령해 엄청난 피해를 입혔던 독일에 대한 지배와 통제가 프랑스가 진정 원했던 방향일 수 있다. 그러나 ECSC의 설계자였던 장 모네는 유럽의 평화를 위해서는 독일을 ECSC의 다른 회원국들과 동등하고 평등하게 대우해야 함을 강조하였다. 1차 대전 이후 전후 처리 문제의 경험도 있었지만 불평등에 기초한 평화는 좋지 않은 결과를 초래할 수밖에 없으며, 평화는 승리자도 패배자도 없는 동등함을 통해서만 도달할 수 있다는 원칙을 고수한 결과이다. 남북한 사이의 긴장 해소와 적대감 해소, 그리고 평화 공존은 어느 한쪽의 노력만으로 달성될 수 없다.

평화와 번영 달성을 위한 남북 경제통합도 남북 모두의 적극적 참여와 협력으로 이룩될 수 있다. 그러기 위해서는 남과 북이 동등한 협력체로서 공동의 목표를 설정하고 정책을 수행해 나아가야 한다. 프랑스가 그랬고 EU의 다른 회원국들이 그랬던 것처럼 국가는 자국의 이익을 위해 다른 국가들과 협상하지만 유럽 경제통합은 공동의 이익을 위해서 어느 정도 양보도 필요함을 일깨워줬다. 이 모든 과정은 서로가 동등하다는 원칙에서 시작될 수 있다.

세 번째 준비사항은 '어떻게 남북 경제협력, 나아가 경제통합 추진을 지속시킬 수 있을까?'에 대한 고민과 이에 대한 방안 또는 해결책 마련이다. 우리는 그동안 하위 정치적 기제, 예를 들어 경제, 문화, 스포츠, 관광 등을 중심으로 북한과 다양한 교류 및 협력 활동을 추진해 왔다. 유럽 통합의 과정이 그러했듯이 하위 정치적 기제가 일련의 심화 및 확대 과정을 거쳐 지금의 유럽 통합 수준까지 도달했다. 그리고 EU는 상위 정치 분야(예: 외교안보)로 통합의 분야를 이행하려는 시도를 끊임없이 해오고 있다.

남북도 비교적 협력이 수월한 분야를 통해 상호 이해 증진과 긴장 완화를 달성하고, 이렇게 시작한 협력이 통일로 나아가는 데 기여를 할 수 있다고 여겼던 측면이 있다. 이는 통합을 설명하는 방식 중 '전이 효과Spill-over effect'를 통한 통합의 진전이라는 기능주의적 접근functionalist approach이다. 이 접근법은 석탄과 철강 분야에서 시작한 유럽 통합이 다른 분야(예: 원자력 에너지)에서 통합의 필요성을 낳게 되고 결국 통합의 범위가 확대되면서 통합이 심화된다고 설명한다. 한 가지 명심해야 할 점은 어느 한 분야에서 다른 분야로 전이 효과가 발생하는 원인은 상호 의존성이 증가하기 때문이라는 것이다.

이런 측면에서 지속적인 남북 경제협력과 통합은 남북한의 상호 의존성을 증가시키면서 점차 통합의 범위를 넓혀갈 수 있다고 예측할 수 있다. 그러나 이러한 기능주의적 이론의 설명대로 남북 경제 통합이 진전되기 위해서는 통합이 지속되어야만 한다. 제2차 대전 직후 서로 앙숙이었던 프랑스와 독일을 하나의 공동체로 묶으면서도 통합이 지속될 수 있었던 이유는 독일에 대한 대우 문제와 함께 공동체 관리를 위한 초국가적 기구들을 설립하여 국가들의 개입을 최소화했다는 점에서도 찾을 수 있다. 물론 그렇다고 회원국들의 의견이 철저히 배제되었던 것도 아니다. 결국 회원국 간 문제나 갈등 발생 시 효율적이고 공평하게 문제를 해결할 수 있는 방안을 마련하는 것이 지속 가능한 통합의 핵심이라고 할 수 있다.

♦ 갈등의 문제 해결하는 초국가적 기구 설립 필요해

2018년 평창 올림픽을 계기로 소위 '평창의 봄'이라 불릴 정도로 화해 분위기가 조성되기도 했으나 남북 관계는 기본적으로 적대적인 것으로 인식되고 있다. 남북의 적대관계와 이에 따른 한반도 긴장 상황은 남북 사이의 문제에서 비롯되기도 하지만 미국의 대북 정책 변화와 같은 외부적 요소에 기인하기도 한다. 남북 간에 협력의 확대와 통합을 위한 노력이 시작되더라도 남북 관계에 영향을 줄 수 있는 대내외적 변수들은 끊임없이 나타날 것이고, 이는 남북 관계에 긍정적 영향보다는 부정적 영향을 미칠 여지가 더욱 높다. 결국 다양한 대내외적 상황 변수에도 통합을 위한 남북의 합의와 노력을 지속시킬 수 있는 방안이 마련되어야 한다는 의미이다.

우선적으로 고려해볼 수 있는 방안은 남북관계 변화와 남북 경제협력 및 통합 추진을 분리 decoupling 시키는 것이다. 지금까지 남북 경제 교류와 협력은 그나마 남북관계가 원만할 때 주로 이루어졌다. 또한 남한 정권의 변화가 불러오는 대북정책의 변화는 남북관계 변화에 가장 핵심적인 변수였다. 이런 점들을 고려할 때 남북 경제통합의 추진은 정권의 변화와 상관없이, 그리고 남북관계의 변화와 상관없이 별개의 문제로 다루어지고 추진하여야 한다. 남북관계가 악화되는 경우에도 남북 경제통합의 심화가 악화된 관계를 다시 우호적으로 변화시킬 수 있다. 그러나 우리는 언제나 한 방향, 즉 남북관계가 원활해야만 남북 경제협력이 가능하다고 인식해 왔다. 남북 경제통합의 지속성을 위해서는 인식의 전환이 필요하다.

또 다른 인식의 전환은 남북 경제통합이 어떠한 분야에서부터 진행되어야 하는가에 대한 고민과 연관되어 있다. 앞서도 수차례 언급하였듯이 갑작스런 남북 단일시장의 완성이나 화폐통합 등은 현실적으로 불가능할 뿐만 아니라 많은 혼란을 야기할 것이다. 최종적으로 하나의 경제공동체를 완성하기 위해 든든한 기초 공사가 필요하다. 유럽의 경제통합이 왜 석탄과 철강을 선택했는지를 다시 한번 상기할 필요가 있다. 석탄과 철강은 당시 여건상 경제 재건을 위해 가장 핵심적인 자원이었고, 안보적 측면에서 독일을 공동체 안에 묶어 두기 위한 전략적 선택이기도 했다.

유럽이 통합을 시작하면서 석탄과 철강을 선택했듯이 남북도 경제통합 추진 시 전략적 선택이 요구된다. 전략적 선택은 앞서 북한의 경제 발전 전략과 정책을 반영하는 협력이 추진되어야 한다는 점과 연계되어 있다. 북한이 추진하는 산업화 전략에 핵심적인 분야 또는 실생활에 필수적이나 북한 내부적으로 부족한 분야에서 경제 통합의 일환으로 남북 산업협력 추진을 생각해 볼 수 있다. 이를 통한 북한의 산업화와 경제발전, 그리고 북한에 필수적인 제품의 생산을 통한 공급이 현실화되면서 북한 주민의 삶의 질이 개선된다고 가정해보자. 북한이 남북 경제통합에 더욱 적극적으로 참여하는 모습이 단지 상상에 그치지 않을 수도 있다. 한 산업에서 시작한 협력과 통합이 다른 산업으로 전이되고 남북 상호간 의존도가 높아져 통합이 지속될 가능성이 높아진다는 의미이다.

네 번째는 통합 추진 과정에서 발생할 수밖에 없는 남북 간 갈등과 분쟁 해결 방안을 마련하는 것이다. 가장 근본적인 방안은 갈등과 분쟁 해결을 위한 독립 기구를 설립하여 운영하는 것이다. 분쟁 해결을 위한 기구의 역할은 유럽 통합 뿐만 아니라 국제 무역 체제의 발전 과정에서도 찾아 볼 수 있다.

제2차 세계대전 이후 무역의 근간이 되어 온 관세 및 무역에 관한 일반협정(GATT, General Agreement on Tariffs and Trade)은 당시 대표적인 무역 장벽이었던 관세를 인하시키는 데 어느 정도 성공했다고 평가된다. 그러나 상품 이외의 무역의 유형과 범위가 확대되고 GATT가 국제기구가 아닌 단순한 협정의 형태로 운영되어 협정 위반 국가들에 대한 제재 수단 미비 등의 문제점을 드러내며 새로운 국제 무역 체제의 필요성이 부각되었다. 결국 1995년 WTO가 탄생

EU에서 한반도의 미래를 찾다

하였다.

　기존의 GATT와 WTO를 비교하면 가장 진일보한 발전으로 꼽히는 부분은 무엇보다도 하나의 통일된 무역 분쟁해결절차를 마련했다는 점이다. 기존의 GATT 체제에서도 분쟁해결절차가 있었지만, 수차례의 개선에도 불구하고 그 역할은 상당히 제한적이었다. 국가 간의 무역 마찰은 분쟁해결절차보다는 국가 간 협상에 의존했고 소위 국력이 강한 무역 선진국들이 유리한 결과를 도출해 내거나 GATT 규정을 우회 또는 남용하는 이른바 회색지대 조치를 이용하여 분쟁을 해결하곤 하였다. 이러한 GATT 체제하의 분쟁해결절차는 WTO 체제가 출현할 수밖에 없었던 결정적 이유이기도 했다. WTO 분쟁해결제도가 그 기능을 충실히 이행해 나가고 있다고 평가받는 이유는 GATT 체제와는 달리 판정 결과에 대한 강제력 부과, 명확한 실체적 규칙과 절차적 규칙 마련, 그리고 독립된 기구 운영 등 때문이다.

　유럽 경제통합 과정에서도 ECSC의 성공 배경에는 제도적 장치의 마련이 중요한 역할을 하였다. 다시 말해, 개별 회원국들의 이해관계가 작용되지 못하도록 회원국들로부터 독립된 조직과 기구를 설립하였다. 대표적으로 초국가적 기구인 '고위관리청'을 설치해 회원국들로부터 석탄 및 철강 분야에 대한 권한을 이양 받았다. 물론 개별 국가의 견해가 반영될 수 있는 창구로서 '각료이사회 Council of Ministers'를 설치하였고, 각국 의회 의원들로 구성된 '공동의회 Common

특히 분쟁 해결과 조약 해석을 통한 개별 회원국에 대한 견제, 그리고 고위관리청의 결정과 행위에 대한 적법성 판결을 위한 목적으로 '유럽법원 European Court of Justice'을 설립하여 운영하였다. ECSC를 운영하면서 회원국들의 개입이 완벽하게 배제되었다고는 할 수 없지만 개별 회원국 간 이해관계의 충돌 가능성 등을 고려할 때 초국가적 권위를 가진 기구가 역할 수행에 훨씬 효율적이었다. 다른 초국가적 기구였던 유럽법원도 ECSC 운영과 관계된 문제들을 판결하는 역할을 수행함으로써 향후 통합의 원칙을 규정하는 권위 있는 판례 및 결정이 축적되기 시작하였다고 평가받는다.[2]

남북 경제통합 과정에서 이러한 초국가적 기구들의 설립이 필요한 이유는 남북 사이에서 다양한 문제와 갈등의 발생이 예상되기 때문이다. 특히 정치와 경제 체제의 상이성과 제도적 차이 등으로 인해 혹은 남북이 각각 자신들의 이익을 위해 비협조적인 정책을 고수할 가능성도 있다. 결국 경제통합의 지속을 위해서는 남북의 직접적인 개입을 최대한 배제하는 초국가적 형태의 기구를 설립하여 계획된 통합 과정을 관리 및 감독하는 역할을 전적으로 맡기는 방안을 강구할 필요가 있다.

물론 ECSC나 유럽 통합의 과정에서 나타난 기구들과 같을 수는 없을 것이다. 그러나 남북 경제통합을 관장하는 기구의 결정과 행위에 대한 적법성, 그리고 남북 사이에 발생된 문제나 갈등에 대해 판결을 내려주는 역할을 담당할 수 있는 기구를 두는 것도 바람직하다. 초국가적 기구의 구성이나 이 기구들의 행위에 대한 강제성 부여 방안, 그리고 결정에 따르지 않는 경우 해결 방안 등 세부적으로 고민할 부분도 상당히 많다. 그럼에도 불구하고 남북 경제통합을 지속시키기 위한 방안으로 초국가적 기구 설립에 남북이 합의할 수 있다면 이는 통합의 길로 나아갈 수 있는 중요한 첫걸음임에는 틀림없을 것이다.

◆ 한민족 정체성 확립과 사회통합 방향 마련해야

마지막으로 강조하고자 하는 부분은 남북 간 경제 교류 및 협력 확대로 인해 발생할 수 있는 남북 간 갈등과 남북 각각의 내부적 갈등을 극복할 수 있는 방안을 마련하여 준비할 필요가 있다는 점이다. 여기서 언급하는 갈등은 경제적 격차나 상호 이해 부족으로 인한 갈등, 불평등과 불공정 또는 상호 불신 등이 야기할 수 있는 사회적 갈등을 의미한다. 아울러 남한뿐만 아니라 북한 내부에서도 경제 교류 및 협력의 확대와 통합 논의에 대한 반대 여론이 조성되어 내부 갈등이 심화될 수도 있다.

사실상 이 문제들은 남북 경제통합을 진행하는 데 가장 해결하기 어려운 부분일 수도 있고, 가장 오랜 시간이 걸릴 수도 있다. 그러나 다른 한편으로는 진정한 의미의 경제공동체를 만들어내기 위해 필수적으로 극복해야 하는 부분이다. 특히 인적 교류가 활발해지면 발생할 수 있는 남북 주민 간의 오해와 갈등, 차별과 불신, 그리고 협력의 심화로 불거질 수 있는 내부적 갈등을 해소할 수 있는 다양한 방안들을 모색하고 수행해 나갈 필요가 있다.

유럽 통합 과정에서 장 모네가 왜 유럽 통합의 목표는 국가들의 결속이 아닌 사람들의 통합이라고 했는지, 그리고 왜 EU가 유럽 정체성 확립에 심혈을 기울이고 있는지 살펴보면 사회적 갈등 극복과 통합이 중요한 이유를 알 수 있다. 3장에서 설명한 바와 같이 EU는 정체성 확립을 위해 다양한 정책들을 시행해 왔으며 가장 대표적인 정책으로 교육과 문화정책을 꼽을 수 있다. 이 정책들은 출생이 아닌 교육을 통해 유럽인이 될 수 있다는 인식을 함양하고 이를 통해 유럽 정체성 형성을 촉진하여 통합의 수준을 높이겠다는 EU 차원의 노력이다.

이러한 노력은 한반도 경제공동체 창설을 위해서도 꼭 필요한 부분이다. 한민족 정체성의 확립과 정서적 통합을 통해 심화된 사회통합의 방향으로 나아가야 하며, 이를 위해 EU의 경우와 같이 다양한 교육 프로그램, 특히 교류 활성화 프로그램 등의 활용 가능성을 모색할 필요가 있다.

또한 남북 문화가 아닌 남북 공동의 또는 한반도 문화를 강조하는 정책 기조 아래 남북 간 다양한 문화협력 프로그램의 시행 계획을 수립하는 것도 고려할 수 있다. 사회적 갈등의 극복은 남북 경제 통합을 추진함에 있어 가장 든든한 버팀목이 될 것이다. 이는 곧 사회적 갈등의 방치나 확대는 통합 추진을 어렵게 하는 요인이라는 의미이다. 설령 통합이 되더라도 사람들의 통합이 아닌 단순히 남북 경제의 제도적 통합으로만 진행된다면, 이는 곧 통합의 지속 가능성에도 의문을 가질 수밖에 없다.

여기에서 논의된 것 이외에도 남북 경제통합을 추진하는 데 있어 더 많은 준비가 필요할 것이다. 유럽의 국가들도 어려움을 겪었던 과정이었고, 우리에게도 결코 쉽지 않은 여정임에 틀림없다. 그러나 한반도의 평화와 번영이라는 공동의 목표만 굳건하다면 유럽과 달리 민족적 동질성, 동일 언어와 역사 등을 토대로 오히려 쉽게 달성해 나갈 수도 있다. 남북 경제통합이 가져다 줄 남북 공동의 이익을 위한 정치적 결단이 남북 모두에게 필요한 시점이다.

03

남북 경제통합의 원칙

　한반도 경제통합은 결코 쉽지 않은 과정임을 여러 차례 언급하였다. 그런데도 남북의 경제협력, 그리고 협력의 심화를 바탕으로 경제통합으로 나아가는 것이 필요하다면 한반도 경제통합은 확고한 원칙하에 추진되어야 한다. 원칙의 확립은 경제통합 추진에 대한 남북 공동의 의지 표현이며, 대내외 변수에도 흔들림 없이 지속적으로 추진될 수 있게 해주는 원동력이 될 수 있다. 실제 남북 경제통합 추진 시 원칙 수립은 남북의 합의에 기반을 두는 것이 정상적이다. 또한 수립된 원칙에 대한 국민적 공감대 형성은 남북 경제통합을 추진함에 있어 훌륭한 버팀목이 될 수도 있다.

　몇 번을 강조해도 지나치지 않은 남북 경제통합의 첫 번째 원칙은 그 목표가 한반도의 영구적 평화와 번영을 추구함에 있다는 것이다. 한반도 평화 정착을 위한 방안으로 남북 경제통합이 추진되어야 하며, 경제통합을 통해 남과 북은 경제 성장과 발전을 도모하고 국민의 안전 보장과 삶의 질을 높이는 등의 번영을 추구해야 한다.

또한 남북 경제통합은 남과 북이 서로 경쟁적 구도가 아닌 협력적 구도에서 상호보완적인 방향으로 추진되어야 한다. 유럽의 경제통합 과정에서는 통합의 사안별로 (예를 들어 농업 정책, 어업 정책, 통상 정책, 단일시장 등) 회원국 간 이해관계가 대립되었다. 기존에 개별 국가가 자국 시장에서만 통용되어 오던 정책이 공동체 전체로 시장이 확대되고 공동체 차원의 정책을 준수하게 됨으로써 사안별 통합에 따른 이익과 손해가 교차하였기 때문이다. 그렇다고 자국 이익에 부합하는 통합에만 참여할 수는 없다. 결국 협력적 구도로 통합이 추진되어야만 그 통합은 지속적일 수 있다.

첫 번째 원칙과 연계하여 남북 경제통합의 두 번째 원칙은 남북 공동의 이익을 추구해야 한다는 점이다. 또한 공동의 이익 추구를 위한 시스템이 구축될 필요가 있다. 남북 공동의 이익은 남북이 공히 똑같은 이익을 추구하고 획득해야 한다는 의미가 아니다. 남과 북이 경제통합으로 얻을 수 있는 이익은 각기 다를 수밖에 없다. 경제통합으로 남한은 시장 규모의 확대와 유라시아 시장 접근성 확대, 추가적인 경제 성장 동력 확보, 중소기업 관련 문제 해결 등을 노려 볼 수 있다. 반면에 북한은 경제협력을 통한 산업화와 경제발전, 낙후 지역 개발, 기간산업 확충, 국제무대로의 편입 등을 추진할 수 있다. 개별적으로 추구할 수 있는 이익은 다르지만 남북은 협력을 통해 일종의 시너지 효과를 누릴 수 있다.

　　남북 경제협력 방안을 구상할 때 우리는 일반적으로 북한의 값싼 노동력과 풍부한 자원을 활용하는 방안을 생각해왔다. 이러한 논리는 남한의 경제수준이 북한보다 월등히 높고 더욱 우수하고 선진화된 시스템을 가지고 있다는 사고에서 비롯된다. 단순히 노동력과 자원 활용에 대한 대가 지불은 북한의 경제발전을 촉진시킬 수 없고 남북 협력의 지속 가능성도 보장할 수 없다. 이러한 사고의 전환 없이는 남북 경제통합의 성공을 이룰 수 없다.

　　세 번째 원칙은 남북 경제통합을 통해 냉전 시대의 유물을 극복하고, 새로운 평화 구축 모델을 창출해야 한다는 것이다. 대한민국은 민주주의의 정착과 경제성장의 측면에서 전 세계적인 모범국가가 되었다. 그러나 여전히 냉전의 잔재인 한반도의 긴장과 분단은 극복하지 못한 채 살아가고 있다. 한반도의 평화 정착이라는 목표가 한반도 경제통합으로 달성된다면, 이는 수많은 갈등과 분쟁이 발생하는 다양한 지역에서 본받을 수 있는 평화 구축 모델이 될 수 있다. 이러한 노력은 국제무대에서 북한이 정상국가로 인정받을 수 있는 계기가 될 수도 있고 한반도의 평화를 더욱 공고히 하는 데 기여할 수 있다.

　　남북 경제통합은 점진적이며 단계적으로 추진되어야 한다. 일반적으로 남북한의 경제통합 방식에 대해서는 급진적 통합과 점진적 통합, 그리고 이분법적 경제통합과 구조론적 경제통합으로 나누어 생각할 수 있다.[3] 남북의 경제체제가 시장경제 체제와 중앙 계획경제 체제로 대립되는 상황에서 어느 한쪽 체제로의 흡수 통합을 추진하는 급진적인 이분법적 경제통합은 혼란과 부작용이 클 뿐만 아니라 실현 가능성도 높지 않다. 결국 남북 양측이 호혜적 경제발전과 이익을 추구하는 단계적인, 즉 점진적인 구조론적 경제통합이 추진되어야 한다.

유럽 통합을 설명하는 이론 중 앞서 언급한 '전이 효과'에 따른 통합의 심화라는 기능주의적 접근 논리가 있다. 여러 이론 중 기능주의적 이론이 가장 적합함을 주장하는 것은 아니다. 다만 남북이 오랜 분단으로 인해 부득이하게 가지고 있는 다양한 분야에서의 차이와 격차, 그리고 무엇보다도 체제의 상이성은 점진적이고 단계적 통합이 왜 필요한지를 이해할 수 있게 해준다. 앞서 설명한 바와 같이 점진적 통합은 통합의 토대를 튼튼히 하는 기초 작업이 우선적으로 수반되어야 함을 의미한다.

단계적 통합을 추진해야 한다는 점이 어떤 정해진 단계를 밟아나가야 함을 의미하지는 않는다. 경제통합을 얘기하면서 우리는 왠지 모르는 일종의 고정관념에 사로잡혀 있다. 이는 경제통합이 헝가리의 경제학자였던 발라사 Bella Balassa 가 제시한 경제통합의 단계에 따라 이루어진다는 인식이다. 발라사는 경제통합을 ①자유무역지대 free trade area, ②관세동맹 customs union, ③공동시장 common market, ④경제동맹 economic union, 그리고 마지막 ⑤단계인 완전 경제통합 total economic integration 의 다섯 단계로 구분하였다. 이를 토대로 자유무역지대 창설 전 단계로 '호혜적 무역 협정 Preferential Trade Agreement'의 체결을 넣거나, '통화 동맹 monetary union'의 추가와 최종적인 목표로 '정치동맹 political union'을 주장하기도 한다. 보통 유럽 경제통합을 발라사가 제시한 단계에 따라 진행되었다고 설명하기도 하며, 이에 유럽 통합의 최종 목표가 정치통합이라고 주장하기도 한다.

중요한 점은 발라사가 제안한 경제통합의 단계가 옳고 그름의 문제가 아니라, 남북이 경제통합을 추진해 나가는 데 있어 발라사의 모델에 매몰될 필요가 없다는 의미이다. 남북의 단계적 경제통합의 핵심은 공동의 이해관계가 부합하는 분야와 통합의 기초가 되는 부분부터 단계적으로 추진되어야 한다는 점이다.

◆ 다양성의 존중이 필요해

끝으로 남북 경제통합을 추진하는 데 있어 남북은 체제, 제도, 인식 등 많은 부분에서 서로 다름을 인정하고 존중해주어야 한다. 존흄은 모든 분쟁은 인종, 종교, 국적 등의 차이 또는 다름 difference 과 관련이 있다고 본다. 그러나 이러한 차이를 극복할 수 있으려면 '차이에 대한 존중', 즉 '다양성의 존중 respect for diversity'이 결국 평화의 근본적인 원칙임을 강조하였다. 이러한 논리가 유럽 통합에도 적용되어 유럽 국가들은 통합 과정에서 이사회, 집행위원회, 의회 등 다양한

초국가적 기구들을 만들어 공동체의 공동 이익을 위해 협력하도록
하였다. 이를 통해 오랜 시간에 걸쳐 쌓여 있던 서로간의 불신의 장
벽을 무너뜨렸다.

이러한 점에서 서로 다름을 인정하는 통합이 추진되어야 한다.
유럽 통합의 사례와 같이 남북이 서로 다르기 때문에 발생할 수 있
는 갈등과 문제를 해결할 수 있는 제도가 뒷받침되어야 한다. 제도
적 뒷받침과 함께 남북 간 다양한 분야에서의 격차 해소와 상호 이
해를 증진시킬 수 있는 정책의 뒷받침도 중요하다. EU는 통합의 심
화 과정에서 정체성의 확립과 결속을 강조했다는 점을 상기할 필요
가 있다. 통합 자체에 위기의 순간이 닥칠 때마다 그 위기를 극복할
수 있게 한 주요 원동력이 정체성과 결속력이기 때문이다. 유럽 통
합 사례에서 보여줬듯이 남북 간 교류의 활성화와 다양한 정책(예:
문화 협력 또는 교육 프로그램 등)이 활용된다면 남북이 서로 다름을 인정
하고 이해하며 결속력 강화에도 도움이 될 것이다.

지난 70년간 유럽이 걸어온 통합의 길은 인류가 여태껏 경험해
보지 못한 역사적 과정이다. EU는 지금도 한 걸음 한 걸음 심화의
단계를 밟으며 또다시 새로운 길을 향해 나아가고 있다. 그리고 더
심화된 통합으로 나아갈수록 통합의 목표인 평화와 번영은 더욱 공
고해질 것이다. 남북 경제통합 추진이 실현된다면 경제통합의 역사
에서뿐만 아니라 전 세계 평화 구축을 위한 노력에 훌륭한 귀감이
될 것이다. 경제통합을 향해 남북이 걸어가야 하는 길에는 수많은

위기가 도사리고 있을 것이다. 그러나 위기를 기회로 삼았던 유럽 통합의 교훈처럼 남북한도 한반도 경제통합을 묵묵히 수행해 나가다면 통일로 가는 길도 앞당겨질 수 있다.

한반도 경제통합 방향

"사람들 머릿속의 장벽은 때로는
콘크리트 석재로 만든 장벽보다 더 오래간다."
"비록 독일에 두 개의 국가가 존재하더라도 서로에게 외국이 아니다.
그들의 관계는 그저 특별한 관계일 뿐이다."

_ 빌리 브란트(Willy Brandt)의 어록 중

독일 통일의 주역이자 서독의 총리였던 빌리 브란트는 독일 총리로서는 최초로 폴란드를 방문했고, 특히 폴란드의 수도 바르샤바의 유대인 위령탑 앞에서 무릎을 꿇고 독일 민족을 대표해 나치의 유대인 학살에 대해 사죄한 것으로 잘 알려져 있다. 그러나 무엇보다도 빌리 브란트 총리의 업적 중에 역사에 길이 남을만한 일은 '동방정책', 즉, 냉전체제로 분단된 동독과의 관계 개선뿐만 아니라 소련, 폴란드 등 동구 공산권 국가들과의 관계를 화해와 협력의 관계

빌리 브란트 총리가 독일 총리로서는 최초로 폴란드 방문 당시 추모비에 헌화하는 것에 그치지 않고 예정에도 없던 유대인 위령탑 앞에 무릎을 꿇고 사죄하고 있다.
* 출처: 연합뉴스

로 개선하는 데 결정적인 역할을 했다는 점이다.

빌리 브란트가 표방한 동방정책의 핵심은 '접근을 통한 변화'와 '작은 발걸음 정책'으로 일컬어진다. 이는 독일 통일의 초석을 놓는 데 있어 어떠한 난관에 직면해도 지속적으로 만나 대화해야 하고, 큰 목표를 달성하기 위해 현실적으로 실현 가능한 작은 일부터 실천해 나가야 한다는 의미이다. 이러한 관점에서 브란트 총리는 콘크리트로 만들어진 베를린 장벽보다 사람들의 인식 속에 있는 장벽을 무너뜨리기가 더욱 어렵고, 설령 독일에 두 국가가 존재하고 있어도 이들은 서로에게 외국 국가^{foreign countries}가 아니라 특수한 관계라는 믿음을 가지고 정책을 추진하였다.

우리는 이 책에서 처음부터 독일 통일 사례나 유럽 통합은 우리의 모델이 될 수 없다는 점을 강조하였다. 그래서 우리는 유럽 통합 그 자체가 아니라 경험을 보려고 했고, 이런 관점에서 브란트 총

EU에서 한반도의 미래를 찾다

리가 보여주었던 정책 방향은 한반도 경제통합을 추진해 나가는 데 있어 훌륭한 교훈을 제공해 주고 있다.

◆ 한반도 경제통합 방향과 모델

한반도 경제통합은 점진적이며 단계적으로 추진되어야 함을 지속해서 강조하였다. 점진적이며 단계적인 통합의 필요성은 남북의 체제 상이성과 경제적 격차, 그리고 각종 규정의 상이성 등 때문이다. 단순히 경제·제도적 요소 이외에도 경제통합으로 인한 정치적·사회적 혼란 가능성 등을 고려하면 급진적인 경제통합은 적절한 방법이 아니다. 이렇게 다양한 요인들을 고려해야 하는 이유는 남북 경제통합은 기존의 남북 경제교류와 경제협력을 추진하는 것과는 다르기 때문이다.

남북 경제통합은 교류 확대나 경제협력을 통한 상호 경제적 이익의 확대에 머무르는 것이 아니라 남북 경제의 제도적 통합을 추진하고 남북 단일시장을 만드는 것을 목표로 한다. 그렇다고 남북 단일시장 추진 과정이 발라사가 제안한 단계적 경제통합 모델에 따라 진행될 수는 없다. 이는 무엇보다도 남북의 경제 체제가 상이하기 때문이며, 경제통합을 추진하기 위해 북한이 시장경제 체제로 전환할 수 있다고 예상하기도 어렵다. 또한 남북 경제의 비대칭성 및 격차로 남북 경제의 통합 심화가 북한 경제의 남한 경제에 대한 의존 심화, 나아가 남한 경제로의 흡수 또는 병합이라는 결과를 초래한다면 북한이 경제통합에 적극적으로 참여하기를 기대하기 어렵다.

이러한 점에서 남북 경제통합은 한반도의 평화와 번영이라는 목표와 함께 남북이 각각 추구하는 이익이 잘 반영될 수 있도록 추진되어야 한다. 기존 남북 경제협력에 북한이 참여했던 주된 이유는 경제적 이유였다고 할 수 있다. 그러나 남한의 입장에서는 경제적 이유보다 한반도 긴장 완화 등의 안보적 측면이 강했다고 할 수 있다. 경제협력에 참여했던 남북이 서로 다른 목적과 동기를 가지고 있었다는 점이 기존의 남북 경제협력과 지속적인 교류를 어렵게 한 요인이라 할 수 있다. 무엇보다 남북관계가 심화되지도 못한 채 다양한 대내외적 변수들에 영향을 받아 중단되었다. 남북 경제협력의 추진과 중단의 반복은 상호 신뢰보다는 오히려 불신을 증폭시키는 역효과를 낳기도 했다. 남북 경제통합 추진에서 남북 공동의 목표와 동기가 얼마나 중요한지 알 수 있는 대목이다.

경제통합으로 남북은 공히 이익을 추구할 수 있어야 한다. 그러나 남북이 공동으로 추구할 수 있는 이익도 있겠지만 각자의 상황, 전략 및 정책에 맞는 개별적인 이익이 추구될 수 있도록 추진하는 것이 무엇보다도 중요하다. 이는 단지 북한에만 적용되는 것이 아니다. 남북 경제통합을 추진함으로써 남한이 어떠한 이익을 얻을 수 있는지는 남한 내 남북 경제통합 추진의 필요성과 정당성을 확보하고 국민적 공감대를 형성하여 소위 남남 갈등을 극복하는 데 있어 중요한 요소이다.

앞서 논의한 남북 경제통합의 필요성, 사전 준비 사항, 통합의 원칙 등을 고려하여 남북 경제통합은 다음과 같은 방향으로 추진될 수 있다.

1. 남북 경제통합의 기본 방향과 원칙의 설정

남북 경제통합의 시작은 남북 간 경제협력을 심화해나가는 방향으로 추진하여야 한다. 이를 위해서는 남북 간 경제통합에 대한 합의 도출과 추진 방향에 대한 논의가 우선되어야 한다. 이 과정에서 남북 경제통합의 목표를 설정하고, 우선 협력 분야와 방식의 선정, 경제협력체의 운영 및 관리 방안 등에 대한 남북 간 합의가 필요하다.

남북 경제통합 추진 목표는 한반도에서 영구적인 평화 정착과 남북 공동의 번영이라 할 수 있다. 이러한 목표 아래 남북이 어떠한 방향으로 통합을 추진해 나갈 것인지 구체적인 방안을 도출하고, 경제통합을 통한 협력적 구도의 단일시장과 한반도 경제공동체를 완성하는 방향으로 추진되어야 한다.

기존의 경제협력 사례와는 다르게 북한에 대한 단순 원조나 북한의 노동력 제공과 그에 따른 자금 조달 방식은 지양하여야 한다.

남북이 모두 허심탄회하게 남북 경제협력을 통해 얻을 수 있는 경제적 이익을 공동으로 추구할 수 있는 방안으로 합의가 이루어질 필요가 있다.

남북이 정치 및 경제 체제가 다를 뿐만 아니라 오랜 분단으로 인해 제도적 차이와 경제적 격차가 크다는 점을 감안하여 이러한 차이를 점진적으로 감소시킬 수 있는 방안을 마련해야 한다. 특히 서로 다르다는 점이 통합 추진에 장벽이 되지 않도록, 서로 다름을 인정하면서 조화harmonization를 추진해 나아갈 필요가 있다. 서로 다름을 포용해 주는 것은 남북 간 신뢰 구축에 기여할 수 있으므로 통합 추진의 원동력이 될 수 있다.

경제통합을 추진하기 위해서는 '1민족 2국가 2체제'라는 현실적 상황을 상호 인정하고, 남과 북의 어느 한쪽으로의 흡수를 통한 통합이 아니라는 점을 명확히 규정해야 한다. 여러 차례 언급한 바와 같이 북한 경제가 남한 경제에 의존 또는 예속되거나 남한 경제로 흡수되는 상황이 발생한다면 북한이 경제통합에 참여할 가능성이 거의 없다.

남북 경제통합 추진에 있어 남과 북은 정치와 경제를 분리하는 원칙에 합의가 필요하다. 기존의 사례를 보면 남북관계는 남북 경제협력 및 교류를 위한 일종의 전제 조건으로 작동했다. 이러한 구조가 지속되었을 때, 경제통합이 추진되는 과정에서도 남북 관계가 대내외적 상황 변화 등으로 경색된다면 통합의 추진도 중단되는 사태가 발생할 수 있다는 의미이다. 다시 말해 원만한 남북관계가 지속 되어야만 경제협력이 가능하다는 일방향적 논리는 오히려 남북 경 제통합의 실현 가능성을 낮추는 결과를 초래할 수밖에 없다. 이에 북핵문제를 비롯한 남북관계 문제와 경제협력 및 통합 추진을 분리 시켜, 남북 경제통합이 추진될 수 있도록 해야 한다.

2. 남북 경제통합의 시작: 기반 다지기

남북 경제통합의 시작은 특정 분야에서 남북 간 심화된 협력으 로 시작될 수 있다. 물론 여기서 논의하는 경제협력은 기존의 경제 협력 방안(예: 개성공단)과는 다른 방식으로 진행되어야 함을 의미한 다. 특히 우리가 남북 경제협력을 논의할 때 제기되는 남한의 기술 과 북한의 노동력 및 자원을 결합하는 기존의 협력 패러다임을 넘 어서는 새로운 고민이 필요하다. 북한도 자체적인 경제 운용 시스템 이 가동되고 있고, 장마당을 활용한 일종의 시장경제의 모습도 보이 고 있다. 또한 경제발전을 통한 북한 주민의 삶을 개선하는 것을 중 요한 정책 목표로 설정하고, 다양한 경제발전 정책을 추진하고 있 다. 이런 상황에서 기존의 협력 패러다임에 안주하여 멈추는 것은 기존 남북 경제협력 사례들이 가지고 있던 취약성, 즉 대표적으로 지속 가능한 남북 협력 가능성이 낮은 패러다임을 그대로 답습할 가능성이 있다.

이러한 점에서 남북 경제통합의 시작은 남북 산업 간 협력의 방향으로 추진될 필요가 있다. 어떠한 산업 분야를 협력의 대상으로 삼을 것인지에 대해서는 분명 남북 간 논의와 합의가 필요하다. 그래도 남북 산업협력의 분야는 북한의 산업화 전략을 고려하거나, 북한 실생활에 필수적이면서도 부족한 품목 분야에서의 협력을 우선적으로 선택하여 추진하는 방안을 고려해볼 수 있다.

물론 남한의 입장에서도 북한과의 산업협력이 우리의 경제와 협력 사업에 참여하는 기업들에게 도움이 되는 방향으로 추진되어야 한다. 이런 점에서 남한에서는 중소기업을 중심으로 북한과의 산업협력을 고려해볼 수 있다. 현재 남한 경제는 '산업 및 소득 양극화 심화', '성장 잠재력 저하', '고용 없는 성장', '성장과 고용간의 괴리' 등으로 대표되는 구조적 문제점들을 안고 있다. 이러한 구조적 문제들을 해결할 수 있는 방안으로 중소기업 역할의 중요성은 오랫동안 대두되었던 중요한 이슈이다.

그러나 중소기업이 사업체 수나 고용의 측면에서 남한 경제에서 차지하고 있는 절대적인 비중에도 불구하고, 중소기업의 경제적 효율성 및 대외 경쟁력은 상당히 낮은 수준이다. 다양한 중소기업 지원 정책들이 시행되고 있음에도 중소기업이 처한 상황은 별로 나아질 기미를 보이지 않는다. 이는 한국 중소기업이 성장하는 데 제약 요인들이 있기 때문이다. 대표적으로 청년 실업률이 높은 상황임에도 중소기업은 인력난에 시달리고 있으며, 이는 근본적으로 중소기업과 대기업의 임금 격차가 점차 커지는 소득 불균형 현상이 심화되고 있기 때문이다.

아울러 국내 중소기업들은 특히 제조업 분야에서 대기업 또는 그 계열사에 공급하는 형태로 내수시장에 대한 의존도가 높다. 제조 중소기업 중 대기업 및 계열사에 납품하는 형태인 수급기업 비중이 높은 분야는 섬유, 의복, 인쇄, 고무/플라스틱, 금속, 전자부품(컴퓨터, 통신장비 포함), 전기 장비, 그리고 자동차 및 운송장비 등이다. 물론 우리 중소기업의 국제화, 즉 수출 등 해외 진출 현황도 다른 경쟁 상대국에 비해 상당히 낮은 것이 현실이다.

이러한 현실을 감안할 때 남한 중소기업의 북한 시장 진출을 통한 산업협력은 단순히 북한 노동력 활용을 통한 인력난 해소에 국한되는 것은 아니다. 위에서 언급한 내수시장에 대한 의존도가 높은 품목들 중 북한의 경제 실상과 산업화 전략에 부합하는 분야는 북한도 적극적으로 참여할 가능성이 높다. 또는 남북 경제협력이 본격화되는 경우 협력 수요가 높을 것으로 예상되는 건축업 및 건축 자재(시멘트 등) 관련 산업 등에서도 협력이 가능하다. 이와 더불어 북한 주민들의 실생활에 필수적인 제품들, 예를 들어 의약품 또는 의료장비, 식품 가공업 등의 분야에서의 협력도 북한의 적극적인 참여를 이끌어낼 수 있을 것이다.

그러나 단순히 높은 수준의 기술력이 필요하지 않은 산업 분야에만 남북 산업협력이 국한될 필요는 없다. 북한이 김정은 시대에 들어와 과학기술 분야를 강조하고 있으므로 IT 분야 등도 남북 산업협력에 적합한 분야이다. 북한의 산업정책과 경제개발 계획 등을 고려한 산업분야의 선택이 필요한 이유는 남북 경제통합을 위해서는 북한 경제의 발전이 필요하다는 점도 있으나 북한이 중도에 협력을 중단시키기 어려운 산업을 선정하여 남북 협력이 지속적으로 유지되기 위함도 있다. 한반도 경제통합을 위한 과정으로서 북한의 산업화 및 산업고도화는 생산역량의 강화로 출발해야 하지만, 국내외 수요로 뒷받침할 수 있는 방안도 마련해야 한다. 시장 수요가 뒷받침되지 못하면 남북 산업협력의 장기 지속이 어렵기 때문이다.

남북 산업협력에서 남한 중소기업들이 주체가 되어 남북 생산 분업 형성을 추진할 수 있고, 이러한 분업화에는 원료 및 중간재의 조달부터 제조, 물류, 유통 및 판매에 이르기까지 매우 다양한 형태의 생산요소와 과정이 결합될 수 있다. 이는 단순히 제조를 위한 산업 간 협력의 의미를 넘어 기업의 경제활동 전반에 걸쳐 협력이 이루어질 수 있다는 의미이다. 이러한 산업협력을 통한 남북 간 분업화를 시행하는 경우에는 북한이 협력을 추진하려는 분야와 중소기업이 진출하려는 분야 간의 매칭 작업이 필요하며, 이는 남북이 충분히 협의할 수 있는 사항이다.

남북 산업협력을 통해 생산된 제품은 북한 내부적으로 공급됨은 물론이고, 남한을 비롯하여 중국 및 유라시아 지역으로 수출하는 방안까지 고려할 수 있다. 북한 산업이 향후에는 국제적 생산 분업 체계로 편입되어 규모의 경제를 확보해야 한다는 의미이다. 이러한 산업협력의 추진은 북한의 산업화와 이를 통한 경제 발전을 유도하고, 남한 중소기업의 체질 개선 및 국제화는 물론이고 인력난 해소, 이와 더불어 장기적인 관점에서는 한국경제의 구조적 문제를 해결하는데 일조할 수 있다.[4] 남북 모두가 win-win 할 수 있는 방안인 것이다.

산업 협력을 추진함에 있어 남북 공히 지역별 균등한 배분에 대한 논의도 고려할 수 있다. 남북은 모두 지역 균형 발전, 특히 상대적으로 열악한 지방산업 발전과 이를 통한 지역 사회의 발전을 주요한 정책 목표로 설정하고 있다. 남북의 지역을 연결하는 산업협력은 국내 경제자유구역과 북한 경제특구를 매칭하는 방법으로 추진할 수 있다. 남북의 경제자유구역과 경제특구는 구역별로 중점 육성사업을 지정하여 추진하고 있다는 점에서도 지역과 산업을 고려한 남북 협력 사업은 실현 가능성이 높다고 할 수 있다. 북한은 특히 균형발전을 위해 지방 특구의 경우 소규모 투자를 유치하고 있다는 점에서 남한 경제자유구역에 입주한 중소기업들이 진출하기에도 적합할 것으로 보인다.

남한 경제자유구역이 지역적 특성을 고려한 중점 육성 산업을 선정하고 있다는 점과 북한의 경제발전과 산업화 정책, 그리고 북한의 실상을 고려한 우선적 협력 대상 분야 등을 고려할 때, 기계부품 및 정보통신(부산진해), 철강(광양만), 관광 및 레저(동해안), 그리고 바이오 및 의약품(충북) 등에서 협력 가능성이 높다고 할 수 있다. 이는 기계부품과 철강 산업은 북한의 산업화 과정에서 필수적이며, 김정은 위원장이 관광산업 육성이나 평양의 은정첨단지구를 중심으로 정보통신 등 첨단 기술 산업 발전에 심혈을 기울이고 있다는 점, 그리고 열악한 북한의 의약품 수급 상황 등을 고려한 것이다.

중소기업을 중심으로 하는 산업협력은 다양한 방식으로 진행될 수 있다. 북한 경제개발구 내 기업소에 대한 지분투자의 형식으로 자본 및 기술을 제공할 수도 있으며, 남북한 합작·합영 기업을 설립하는 방식으로도 가능하다. 남한기업의 투자는 그린필드 Greenfield 투자 유형이 바람직하다. 생산시설 건립을 위한 초기 비용이 든다는 단점은 있지만 남한기업의 생산기술 및 경영기법을 활용할 수 있고,

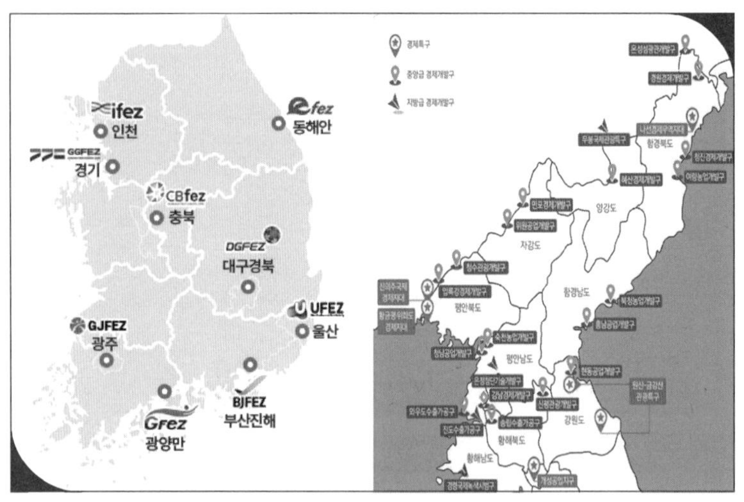

남한의 경제자유구역과 북한의 경제특구 및 경제개발구를 나타낸 지도이다.
*출처: 대한민국 경제자유구역청 및 통일부 북한 정보 포털

현지 판매망 확보가 용이하다는 점에서 유리한 측면이 있다. 아울러 북한의 입장에서는 신규 고용 창출과 함께 기술 이전의 효과를 누릴 수 있다는 점에서 북한 산업화에 가장 적합한 유형이라고 할 수 있다.

경제특구를 중심으로 하는 남북 산업협력은 제2의 개성공단이 아닌 더 진화된 남북한 산업의 유기적 생산 분업 체계를 구축하여 진행되어야 한다. 협력 초기에는 상대적으로 북한이 비교우위가 있는 노동집약적 경공업을 중심으로 진행될 수 있으며 이들을 수출산업으로 육성하는 방향으로 추진할 필요가 있다. 이런 경우 북한기업이 생산주문을 받고 초창기에는 남한, 점차적으로 중국기업이나 제3국의 원청업체에 이르는 생산네트워크에 연결됨으로써 북한은 생산을 위해 필요한 설비 확충뿐만 아니라 생산기술과 노하우를 습득할 수 있는 기회를 가질 수 있다. 이러한 방향으로 추진하는 것이 결국 북한의 산업화와 이를 통한 경제발전을 도모할 수 있는 방법이다. 산업협력 분야는 점차 자생력을 가지고 있는 북한의 중공업 기술을 발굴하고 하드웨어를 제외하고 소프트웨어 부문에 집중하고 있는 북한 IT 산업 분야 등으로 확대시켜 나아갈 수 있다.

남북 산업협력은 단지 산업협력 그 자체에만 국한되는 것이 아니다. 산업협력을 통한 북한의 산업화와 경제발전은 통합의 큰 걸림돌로 여겨졌던 남북 경제 격차를 완화해 나가는 데 중요한 역할을 할 수 있다. 아울러 남북 협력을 통해 생산된 제품의 북한 내 유통은 북한의 장마당 중심으로 운영되는 시장 메커니즘을 확산하는 데 일조할 수 있다. 특히 북한 내 유통체계를 도입하여 유통 및 물류 서비스 산업을 육성하고, 향후 동북아시아 및 유라시아 시장으로의 진출을 위한 무역관련 서비스를 제공하는 방안도 고려해야 한다.

북한 내부에 시장 메커니즘을 확산하는 것은 북한의 체제 전환이 아니라 점진적으로 남북 간 체제의 상이성 완화를 목표로 하여 추진하는 방법이 바람직하다. 이를 통해 북한 시장의 단계적 개방을 유도할 수 있다. 무엇보다도 산업협력을 통해 남북 양측에 성장효과가 나타나고, 특히 북한의 경제발전이 조기에 가시화되는 경우 북한으로 하여금 남북 경제협력에 대한 긍정적 확신을 심어주는 계기가 될 수 있다.

산업협력 과정에서 동시에 추진될 수 있는 협력 사업은 다양한 분야에서 교육 훈련을 지원하는 것이다. 교육 훈련 분야는 새로운 시스템(예: 마케팅, 법적·금융 이슈, 규제 등)과 숙련된 노동력 양성 등이 해당될 수 있으며 면대면 교육 방식뿐만 아니라 비대면 e-Learning 시스템도 활용될 수 있다.

남북 산업협력과 함께 경제통합 기반을 다지는 작업이 필히 동반되어야 한다. 우선적으로 남북 경제협력을 관장할 제도 구축이 필요하다. ECSC와 같은 유럽 통합의 사례에서는 초국가적 기구가 설립되어 석탄과 철강의 생산 및 관리를 전담하였다. 또한 국가 간 갈등 및 분쟁을 해결할 수 있는 방안도 마련되었다. 이렇게 초국가적인 기구를 통한 관리는 정책 결정 과정에서 어느 특정 국가의 개입이나 영향력 행사를 방지하기 위함이고, 근본적으로 통합을 지속하기 위함이었다. 이런 측면에서 초창기 남북 경제협력에서 향후 경제통합에 이르기까지 남북 협력 사업을 주도하고 관리하는 기구(예: 가칭 '한반도 공동관리 기구')의 설립이 필요하다. 남북 통합 사업도 유럽의 경우와 마찬가지로 지속적으로 유지 및 심화하기 위해 특정 국가가 주도하거나 대내외 변수에 영향을 받지 않도록 제도화하는 것이 필요하다. 이를 위해 남북이 합의하는 제3국(들)의 참여도 긍정적으로 고려해볼 수 있다.

물론 통합 사업 추진의 기본은 대화와 타협, 그리고 합의에 기초함을 명문화해야 한다. 통합 관리 기구의 의장을 순번제로 선출하고, 의사 결정 방식도 명문화해야만 불필요한 갈등을 미연에 방지할 수 있다. 여러 차례 강조하였듯이 서로 다르다는 점을 소중한 자산으로 여겨 인정해주는 방안도 마련할 필요가 있다. 이에 서로 다른 제도, 규제, 규정 등에 대한 급속한 통일을 추진하기보다는 상호 공존 가능 영역을 확립하여 조화를 통한 호환체제를 만들어 나가는 방향으로 추진되어야 한다.

이는 유럽 통합 사례에서 단일시장을 추진하는 데 가장 중요한 전환점 중 하나였던 '상호 인정의 원칙'을 확립한 사례에서 교훈을 얻을 수 있다. 특별한 경우를 제외하고 서로 다른 규정을 인정해줌으로써 유럽 단일시장을 완성하는 데 가장 큰 걸림돌이었던 기술적 장벽 철폐 문제를 단계적으로 해결해 나갈 수 있었다. 그 시작은 서로 다른 부분을 조화시켜 나가는 것이었고, 향후 통합의 길로 나아갈 수 있었다. 남북이 경제통합을 추진해 나가는 데 있어 조화시켜 나갈 분야가 단지 기술 규정 등에만 국한되지는 않는다. 경제적, 사회적, 문화적, 그리고 다양한 분야에서 서로 다른 제도 및 규정 등을 상호 인정해주고 단계적으로 조화시켜 나아가는 노력은 통합 진전을 위한 기초 작업으로 필수적인 부분이다.

앞서 산업협력을 통한 남북 간 격차를 완화시킬 수 있다는 점을 설명하였다. 이와 동시에 지역 간 격차를 점차 해소시킬 수 있는 방안도 진행할 필요가 있다. 무엇보다도 향후 남북 간 교류 활성화를 넘어 상품 및 서비스 반출입, 인력이동, 자본이동 등이 현실화되면 남북 간 격차와 상호 이해 부족 등으로 다양한 갈등이 발생할 여지가 높다. 이런 관점에서 서로에 대한 이해를 증진하고 마음의 장벽을 해소하기 위한 교육 및 문화 협력 프로그램 등을 마련하여 추진할 필요가 있다.

앞서 빌리 브란트 총리가 사람들의 인식 속에 박혀있는 장벽을 허무는 것이 더 중요하다고 언급했던 것처럼 향후 경제통합은 점차 심화되어 가는데 남북한 주민들이 통합에 대해 부정적 인식을 가지고 있거나 통합이 아닌 오히려 갈등이 증폭되는 경우 평화와 번영을 위한 한반도 경제공동체의 달성은 어려울 수밖에 없다. 왜 EU가 서로의 다양성을 존중하면서도 결속력을 강화하는 정책을 추진하고 유럽이라는 정체성을 중요시 했는지 다시 한번 생각해볼 대목이다.

통합의 초기 단계부터 추진할 수 있는 또 다른 부분은 사회간접자본 시설 확충 및 에너지 공급 관련 협력 사업이다. 남북을 연결하는 철도 및 도로 등의 물리적 인프라 확보는 남북 단일시장 구축의 핵심 사안이다. 남북 간 해상을 통한 운송보다 철도 운송 시 운임 및 운송 일수가 현저하게 줄어든다는 연구 결과는 이미 기정사실처럼 받아들여지고 있다. 중장기적으로는 한반도를 연결한 철도와 고속도로가 유라시아 대륙으로 연결되는 경우 새로운 시장 개척을 통한 지속 가능한 성장 동력을 확보할 수 있다.

이와 더불어 남북 산업협력, 나아가 경제통합을 위해서는 에너지의 원활한 공급도 보장되어야 한다. 정상적인 에너지 공급은 또한 북한 경제의 산업화와 경제발전에도 필수적인 요소임에 틀림없다. 그러나 인프라 건설 및 에너지 공급 문제 해결은 막대한 비용이 들어갈 수밖에 없다. 남한 내부적으로 비용 문제가 사회적 갈등을 불러일으킬 여지가 크다는 점도 이러한 사업 추진의 어려움이 될 수 있다. 이런 점에서 남측이 제공하는 비용에 대한 북측의 보상(예: 북한 자원 개발 및 생산 등) 방안과 함께 특히 에너지 공급에 있어서는 러시아를 비롯한 다자간 협력 방안을 구축하는 것도 고려해 볼 수 있다.

이와 더불어 에너지 공급 문제 해결을 단지 공급에만 초점을 맞추는 것이 아니라 환경개선 효과를 염두에 두는 방향으로 추진하는 것이 바람직하다. 북한이 기후변화 문제 등에 있어서는 나름 국제 협력에 적극적이기도 하며, 남한도 2050년 탄소중립을 목표로 설정하고 있는 상황이다. 이에 남북 에너지 협력은 공동의 온실가스 감축 목표 설정 등으로 친환경적 협력 사업으로 추진하고, 남북을 연계한 에너지 공급망 구축에는 재생 에너지를 활용하는 방안이 적극적으로 검토되어야 한다. 이렇게 추진하면 남한이 추진하는 탄소중립 사회로의 전환 목표에 기여하고 북한이 필요로 하는 안정적인 에너지 공급을 동시에 충족시키는 효과를 기대할 수 있다.

3. 남북 경제통합의 심화: 단일시장 추진

남북 산업협력 추진으로 북한의 산업화와 경제발전이 남북 경제 격차를 완화할 수 있으며, 북한의 장마당 중심의 시장 메커니즘 확산을 유도할 수 있다는 점을 언급하였다. 그러나 이러한 변화가 시장경제 체제로의 전환을 의미하지는 않는다. 일각에서 베트남식 또는 중국식 개혁개방에 따른 발전모형을 북한이 채택해야 한다고 주장하기도 하지만, 오히려 남북 경제협력을 통한 북한의 개혁과 개방을 한반도 경제통합에 적합한 방향으로, 즉 '북한식 전환 모형'으로 발전할 수 있는 방안을 강구하는 것이 적절할 수도 있다. 어떠한 경우에도 남북 경제통합을 추진함에 있어 북한이 경제정책을 포함한 정치적 주권을 포기할 가능성은 희박하며, 결국 남북은 한반도에서

EU에서 한반도의 미래를 찾다

서로 독립적 경제구역으로 지위를 유지할 가능성이 높다.

산업협력과 경제통합의 기반을 다지는 작업들로 남북 협력이 심화되면 중기적으로 양 시장의 개방과 통합을 위한 정책이 시행될 분위기가 조성될 수 있다. 남북 경제통합이 기본적으로 대화와 타협, 그리고 합의를 기반으로 이루어진다는 점에서 남북은 수용 가능한 통합의 수준과 내용, 통합의 이행과정에 필요한 정책수단 등의 범위를 정의하는 작업을 진행할 필요가 있다. 이러한 작업도 기존에 설립된 관리 기구에서 이루어질 수 있으며, 이 관리 기구 주도 아래 남북 단일시장의 원칙, 추진 과정, 운영 방식, 관리 방안 등을 규정한 소위 '한반도 경제규약'의 제정이 필요하다. 이 규약은 남북의 최종 승인을 거쳐 채택되는 방향으로 진행되어야 향후 통합 추진과정에서 불거질 수 있는 갈등을 해결하는 데 도움이 될 것으로 보인다. 이러한 과정은 남북 단일시장을 설립하는 데 있어 기초적인 규범의 제정이며, 남북 경제통합의 관점에서 보면 '규범의 통합'이라고 할 수 있다.

한반도 경제규약에는 남북 단일시장 설립을 위한 무역과 생산요소의 이동자유화와 이를 위한 제도적 뒷받침이 명문화될 필요가 있다. 남북 산업협력과 경제통합 기반을 다지기 위한 프로그램의 수행으로 단일시장 조성을 위한 여건이 어느 정도 성숙해졌을 수도 있으나, 유럽 단일시장이 상품, 서비스, 자본 및 인력의 자유로운 이동을 보장한 것과 동일한 수준으로 시행되기는 어려울 수 있다. 특히 노동과 자본의 자유로운 이동 조치가 도입되는 경우에도 어느 한쪽으로 일방적인 이동이 일어나지 않을 수쥬, 즉 남북한 경제가 다양한 측면에서 수렴이 되었는지에 대한 점검이 필요하다. 결국 급진적인 단일시장의 완성으로 인한 경제·사회·정치적 혼란을 최소화하기 위해 생산요소의 자유로운 이동을 한시적으로 통제할 수도 있다는 의미이다. 그러나 완전한 단일시장의 구축은 무역과 생산요소의 자유로운 이동이 보장되어야 한다는 점에서 이를 위한 준비 과정도 제도화될 필요가 있다.

이런 점에서 유럽 통합이 보여준 '전이효과 spill-over effect'가 남북 경제통합 과정에서도 자연스럽게 진행될 것이라고 보는 것은 어렵다. 물론 다양한 협력을 통한 협력 분야의 확대와 심화는 가능하겠지만, 남북 경제통합은 합의를 바탕으로 더욱 질서 있는 확산이 필요하다. 유럽 단일시장 완성이 국가 간 물리적, 재정적, 기술적 장벽을 제거함으로써 이루어졌다고 설명하였다. 그러나 남북 단일시장을 완성하는 데는 유럽에 존재했던 장벽들과 함께 다양한 종류의 비대칭성 asymmetry이 존재한다는 인식의 장벽도 있다. 통합 초창기부터 다양한 장벽들을 조화 또는 통합하고 남북 간 격차를 해소하기 위한 정책적 노력들이 진행된다고 하더라도 이를 완전히 철폐시킨 단일시장을 완성하는 것은 현실적으로 어렵다.

이러한 점에서 2개의 독립 경제구역이 존재할 수밖에 없다는 전제로 남북이 '할 수 있는 것'과 '할 수 없는 것', 그리고 '단계적으로

EU에서 한반도의 미래를 찾다

추진할 것'을 명확히 구분하여 추진하는 방법도 고려해 볼 수 있다. 시장을 개방하는데 있어 일종의 유보 영역을 정해두는 것과 유사한 개념이 될 것이다. 남북 경제통합 추진 과정에서 북한의 시장화와 남북간 경제 격차 감소, 남북 경제의 연계성 강화, 상호 이질감 감소와 이해의 폭 확대, 자유로운 왕래 등에 대한 사회적 분위기 조성 등의 여러 제반 요건이 성숙될 때마다 남아 있는 남북간 장벽들을 축소 및 철폐하는 방향으로의 정책 추진이 바람직할 것으로 보인다.

상대적으로 남북간 자유로운 이동이 용이한 부분을 고려하여 가칭 '남북 무역투자개발협정(TIDA, Trade and Investment Development Agreement)' 체결을 고려해 볼 수 있다.[5] 이는 기존의 통합 논리가 FTA에서부터 단계적으로 추진된다는 고정 관념을 벗어나 한반도 상황을 고려한 새로운 방안이라고 할 수 있다. TIDA는 남북한 무역 및 투자의 자유화를 보장함으로써 산업협력을 위한 환경 조성 및 협력의 심화를 촉진하기 위함이다.

또한 FTA 체결이 수출시장 확대를 통한 수출역량 강화에 집중되어 있다는 한계를 극복하고 북한에 대한 투자를 통해 다양한 분야(예: 금융 및 경제시스템 구축, 북한의 국제화 관련 제도정비 및 정책 역량 강화 등)에 지원과 자원개발 등 전략적 협력 사업을 추진하는 것 등을 포함할 수 있다. 남북 단일시장을 완성하는 데 특히 쟁점이 많을 것으로 보이는 서비스와 인력의 자유로운 이동에 대해서는 일종의 '공동 정책 공간'의 범위를 설정하여 운영하면서 개선 및 보완을 통해 점차 완전하면서도 자유로운 이동으로 확대해 나갈 수 있다.

남북 단일시장의 완성은 교역 등을 포함한 다양한 부문에서 남북이 한 목소리로 대응하며 국제사회에서 발언권을 강화하는 효과도 있다. 예를 들어 기후변화 대응을 위한 재생 에너지 시스템 구축과 탄소중립을 위한 남북 에너지 협력은 국제무대에서 남북이 주도적인 역할을 수행할 수 있을 뿐만 아니라 북한에 대한 이미지 개선, 그리고 한반도 평화 정착을 위한 협력에서 남북의 지지를 확보하는 데도 유리하다.

또한 남북 단일시장 구축으로 남북은 개별적 정체성뿐만 아니라 남북이 한반도 공동체의 일원이라는 소속감과 삶과 공동체의 운명이 연관되어 있다는 정체성을 강화시킬 수 있다. 이러한 노력이 EU가 그랬던 것처럼 바로 결속력 강화이다. 유럽의 정체성 확립과 결속력 강화가 유럽 통합의 핵심적 요소로 인식되고 있다는 점은 한반도 경제통합에서도 예외가 될 수 없는 부분이다.

남북이 조성하는 단일시장은 경쟁적 구도가 아닌 협력적 구도가 되어야 한다. 즉, 남북이 일종의 독립된 경제구역으로서 단일시장을 구성하지만 두 독립 구역은 서로를 경쟁 상대가 아닌 상호 보완적으로 의존 관계를 유지해야 함을 의미한다. 협력적 구도의 단일시장이 필요한 이유는 동아시아의 경제협력 사례를 통해 알 수 있다. 동아시아 지역은 한때 공동체 형성뿐만 아니라 다양한 형태의 협력 필요성이 꾸준히 제기되었다. 동아시아 지역 국가 간에 상호 의존성 증가와 경제협력의 심화에도 불구하고 협력이 강화되기보다는 소위 '아시아 패러독스'라고 불릴 정도로 갈등이 지속되고 있다.[6] 실패의 원인은 지역패권 경쟁, 국가 간 경제격차 및 다양한 분야(예: 사회, 문화, 체제 등)에서의 차이 등이 지목되고 있지만, 무엇보다도 상호의존의 증가에도 불구하고 경쟁관계가 지속되고 있다는 점이 핵심이다.

협력 구도 조성의 중요성은 유럽 단일시장의 사례에서도 볼 수 있다. 2019년 기준 EU는 전 세계 상품의 수출에서는 중국, 수입에서는 미국에 이어 각각 2위를 차지하고 있다. EU가 국제 교역에서 차지하는 위상은 무엇보다도 단일시장, 단일 국경, 그리고 27개 국가의 정책을 대신한 한 목소리의 무역 정책 때문이다.

그러나 개별 회원국들의 수출입에서는 회원국들 간의 교역, 즉 단일시장 내에서의 교역이 각 회원국의 교역에 상당 부분을 차지하고 있는 특징이 있다. 2020년을 기준으로 EU 회원국들의 상품 분야 역내 교역은 룩셈부르크(85.5%), 슬로바키아(79.7%), 체코(76.5%)의 경우 전체 교역의 3/4 이상을 차지하고 있고, 14개 회원국은 60~75%, 그리고 9개 회원국은 50~60%를 단일시장 내 교역이 차지하고 있다.

특히 주목할 점은 소련 붕괴 후 체제가 전환되어 2004년 이후 EU에 가입한 국가들의 경우 2002년부터 2020년까지 총 교역량이 100% 이상 성장했다는 것이다. EU는 그 원인을 글로벌 시장과 특히 유럽 단일시장으로의 통합과 중앙 계획경제에서 시장 중심의 경제 모델로의 전환을 꼽고 있다. 남북 경제통합은 27개 회원국으로 구성된 EU의 시장의 규모에는 훨씬 못 미친다. 그러나 규모의 직접적 비교는 큰 의미가 없어 보인다. 남한 자체만으로도 이미 세계 10위권의 경제 규모를 가지고 있으며, 남북 경제통합을 통한 한반도 시장의 확대와 북한의 급속한 경제 성장 가능성은 통합 이후 한반도 경제의 전망을 더욱 밝게 해준다는 것이다. 2004년 이후 EU에 가입한 국가들의 급속한 경제 성장은 단지 유럽에서만 적용될 수 있는 사례라고 단정할 수 없다. 국제 교역 부문에서 EU의 영향력 증대와 EU 내에서 체제 전환 국가들의 경제성장에 단일시장이 핵심적인 요인이었다는 사례는 한반도에서 단일시장의 완성과 남북 경제통합의 필요성을 다시 한번 강조해 주고 있다.

끝으로 남북 경제통합은 국제무대에서 한반도의 위상을 새롭게 정립시킬 수 있다. 남북간 대화와 협력을 통한 경제통합은 새로운 평화 정책의 모델로 인식될 수 있고, 이 모델의 확산에 남북이 주도적인 역할을 할 수 있다. 경제적 측면에서는 북한의 산업화와 이를 통한 급속한 경제발전, 북한 주민의 생활 개선과 함께 정상국가로서 북한이 국제사회의 일원이 되는 데 일조할 것이다. 남한도 경제통합을 통해 1% 정도의 추가적인 경제 성장으로 3%대 이상의 중성장 궤도로 재진입하고 상당한 일자리 창출 효과를 기대할 수 있다. 대부분의 선진국들이 낮은 경제 성장률에 머물고 있다는 점을 감안할 때 1%의 추가 성장은 중장기적 관점에서 한국이 세계 5위권 국가로 도약할 수 있는 발판이 될 것이다.[7]

남북 경제통합에 따른 경제적 이익은 남북 개별적 이익에만 국한되는 것이 아니다. 2009년 발표된 골드만삭스의 '글로벌 경제 보고서(No. 188)'는 2013년부터 2050년까지 3단계에 걸쳐 남북의 경제통합이 진행된다는 가정하에 남북 경제통합 효과를 분석했다. 이 보고서는 남북 경제통합이 통합이 시작되고 나서 30-40년 후에는 통합된 한반도의 GDP가 프랑스, 독일, 일본을 앞설 것이라고 예측하고 있다. 물론 북한의 경제성장은 기본 요소로 포함되어 있다.

정치, 경제, 사회 등 많은 분야에서 다양한 공동의 이익을 창출해 낼 수 있는 남북 경제통합을 더 이상 미룰 이유는 없다. 통합을 위한 다양한 장벽들로 인한 난관은 대화와 타협으로 풀어낼 수 있다. 무엇보다 통합을 하겠다는 남북의 정치적 의지가 중요하다. 그러나 경제통합 추진은 남북관계를 중심으로 한 정치 문제와는 분리되어야 한다. 남북관계의 악화나 이에 영향을 주는 대내외적 변수들과 분리되어야만 남북 경제통합은 지속적으로 추진될 수 있기 때문이다.

05

동아시아 지역협력으로의 확대

남북 경제통합 추진은 한반도의 평화 정착과 공동 번영 추구라는 남북 공동의 목표를 최우선으로 하는 프로젝트임에는 틀림없다. 그러나 남북 경제통합을 통한 남북의 활동 영역과 파급력은 정치적, 그리고 경제적 측면에서 한반도라는 지역적 경계를 넘어 더욱 확대될 수 있다.

우선 정치적 측면에서 남북 경제통합과 한반도의 평화 정착은 주변국과의 신뢰구축 뿐만 아니라 동아시아 지역의 평화 정착, 나아가 세계 평화 증진에도 기여할 수 있다. 몇 차례 언급한 것처럼, 남북 경제통합을 통한 한반도 평화 정착 모델은 국제 사회의 다양한 분쟁 지역에서 평화 정착을 위한 새로운 모델이 될 수도 있고, 남과 북은 글로벌 평화 정착 노력에 주도적인 역할을 할 수도 있다.

이러한 점은 유럽 통합 과정 중 독일 통일의 사례에서도 볼 수 있다. 2차 세계대전의 전범국이었던 독일의 통일은 프랑스를 비롯한 주변국들의 우려를 증폭시켰고, 우려의 중심에는 통일된 독일이 유럽의 질서를 거슬러 또 다시 유럽의 평화 정착을 위한 노력을 무너뜨리는 것이 아닐까에 대한 의구심이 있었다. 당시 유럽 공동체의 다른 회원국들이 통일된 독일, 즉 동독 지역의 유럽 공동체로 편입을 승인해주어야만 통일된 독일이 공동체의 회원국이 될 수 있었다. 이러한 우려를 해소할 수 있었던 것은 유럽 통합을 이끌어왔던 독일(당시 서독)의 노력과 아데나워, 브란트 등 독일 지도자들의 관계 개선 노력 등을 통한 유럽 공동체 내에서 쌓아 놓은 독일에 대한 신뢰였다.

한반도 통일 환경은 주변의 이해 당사국들의 관계가 복잡하게 얽혀 있는 상황이고, 남북 경제통합의 실현이 주변국들의 이해관계의 충돌이나 동북아 질서의 변화를 초래할 수도 있다. 그러나 남북의 경제통합이 한반도의 평화 정착을 위한 방안이고, 한반도의 평화가 결국 동아시아의 안보와 평화를 위한 길임을 지속해서 강조해야 한다. 이를 위해 통합 추진의 초기부터 주변국들과의 신뢰 확보와 남북 경제통합 추진에 대한 지지 확보, 그리고 동아시아 평화 정착을 위한 공동의 노력에 남북이 적극적으로 참여할 필요가 있다.

다른 한편으로 남북 경제통합을 통한 동아시아 지역협력이 필요한 이유는 남북간 산업협력을 남북 생산네트워크 체계에만 국한시킬 것이 아니라 점차 글로벌 가치 사슬(GVC, Global Value Chain)로 편입시키기 위한 것이다. 최근의 GVC는 단순히 제조 및 부품 또는 중간재 공급에 머무는 것이 아니라 R&D 단계부터 제품 디자인, 물류, 마케팅 및 고객 서비스 등으로 그 범위가 확대되었다. 이에 북한이 노동력과 자원을 제공하는 수준에 그치는 것이 아니라 산업화와 경제발전을 통해 가치사슬 전반에 참여하는 정상적인 경제 주체로 거듭날 필요가 있다.

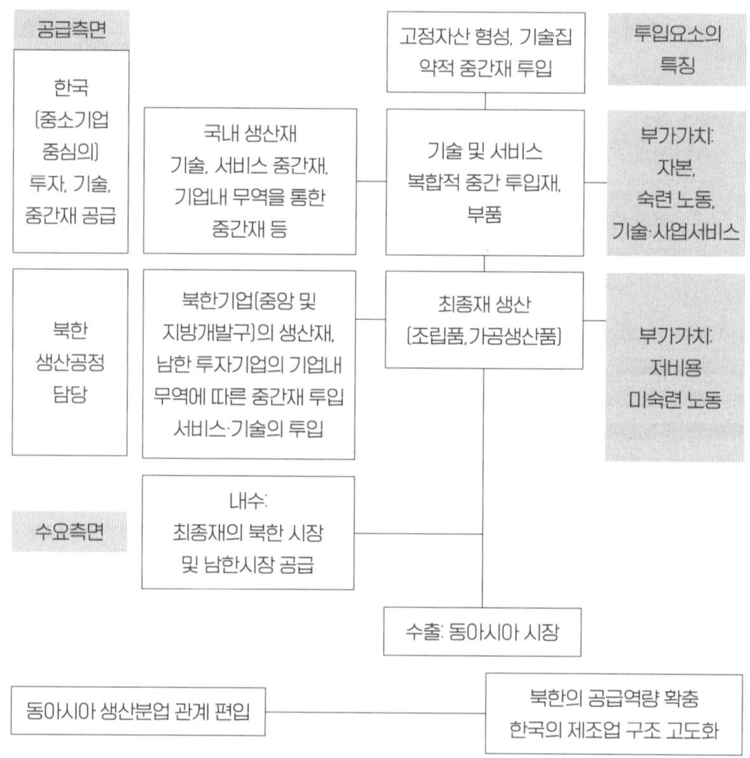

한반도 산업협력계획 구상으로 동아시아 분업 네트워크에 북한의 효과적 편입, 북한 산업 중심 공급 역량 확충, 그리고 이러한 북한의 산업정책 지원을 위한 남한의 자본과 기술, 서비스와 중간재의 투입 등이 필요하다.
*출처: 한홍열(2018)

EU에서 한반도의 미래를 찾다

아울러 북한의 산업화를 촉진시키고 성공적으로 안착시키기 위해서는 국내외 수요의 확보도 중요하다. 한반도 주변의 동북아 시장은 일본을 제외하고도 약 2억(중국 동북 3성 약 1억, 한반도 약 7,500만, 러시아 극동지역 약 6백만 등이며, 일본 포함 시 3억 이상) 명의 시장을 갖추고 있다는 점에서 북한의 산업화를 위한 양호한 시장여건을 확보했다고 할 수 있다. 이러한 점에서 북한은 남한과 중국의 동북 3성, 러시아 극동지역 그리고 일본 등 주변국의 시장을 기반으로 동북아 분업체계에 적극적으로 편입해 나가야 할 필요가 있으며 이는 향후 남북한 경제협력의 최우선 순위를 차지해야 할 것이다.

◆ 남북중 협력과 남북러 협력 방안

동아시아 지역협력 모델은 대표적으로 남북중 협력과 남북러 협력을 고려할 수 있다. 그러나 남북중 협력은 북한 내의 일부 산업이 이미 중국 중심의 생산 네트워크에 편입되어 있다는 점을 고려하여 진행될 필요가 있다. 중국은 급속한 경제성장과 함께 2000년대 들어 중국 기업들의 해외진출과 국제화를 지원하는 '저우추취走出去'전략을 추진하였다. 북중 경협의 초기에는 북한산 광물자원 수출이 주를 이루었으나 2010년대 이후 중국 기업이 자금과 생산설비, 원부자재를 공급하고 북한에서 제품을 생산하는 위탁가공이 의류 등 노동집약적 제조업을 중심으로 확대되었다. 이로 인해 북한의 대중 의류 수출은 급속한 성장세를 보여 왔고, 중국 정부도 중국 기업의 대북 위탁가공을 지원하기 위한 방안을 마련하였다. 대표적으로 중국에서 원자재를 들여가 북한에서 가공한 뒤 완성품을 가져나오는 대북 출경 가공무역을 중국 지린성의 훈춘시와 랴오닝성의 단둥시에서 시범적으로 허가하고 통관 시 일반무역 관세의 1/5만 부과하는 관세인하 혜택을 제공하였다.[8] 북중 협력의 범위도 가전제품, 전자부품 조립, 수산물 가공 등으로 점차 확대되었으며, 북중 접경 지역에서는 중국 제조업체들이 북한 인력을 직접 고용하는 방식으로 노동부문 협력도 확대되었다. 이러한 점에서 남북중 협력 방안은 남북 산업협력이 북중 경제협력과 경쟁 구도가 아닌 남북 산업협력의 안정성과 지속 성장을 제고할 수 있는 방안으로 모색되어야 한다.

남북러 협력 사업[9]의 예시로는 북한의 청진을 포함한 북한의 동북부 지역 산업 집적화를 위한 한반도 동북지역의 항만 연계 클러스터 구축 방안을 모색할 수 있다. 러시아는 남북러 항만 연계 클러스터 형성에 블라디보스토크에서 약 220km 떨어진 자루비노항을 고려할 수 있다. 자루비노항은 북중러의 경계지역에 위치하고 있으며, 러시아의 극동개발 전략과 중국의 인프라 개발 사업 등이 연계되는 등 지정학적 입지가 양호한 항만이다. 초창기에는 물류 단지 구축 등의 사업이 진행될 수 있으나, 차츰 생산과 연계하여 수산물 가공업이나 러시아 임업자원을 활용한 제조업 분야에서의 협력이 가능하다.

남북러 협력 사업도 북한의 산업화를 전제로 진행되어야 한다는 점에서 단순 물류 중개기능에 국한되는 사업은 큰 의미가 없다. 북한의 산업화로 인한 접경 지역과의 교류 확대, 이로 인한 중국 동북3성의 물류 증대 가능성과 남북러 경제협력의 확장성 등을 고려할 때, 남북러 협력은 주변부 생산시설을 활용한 부가가치 창출과 운송·생산·정보의 복합적 기능이 결합된 일종의 국제 허브 항만을 건설하는 방향도 고려할 수 있다.

우선 북한 청진 지역을 중심으로 남북은 청진 지역의 중화학 산업인 철강, 비철금속, 기계부문 등에서 산업협력을 추진하고, 여기에 러시아의 에너지 자원을 제공받는 형식으로 진행될 수 있다. 또한 청진 및 나선 지역을 중심으로 남북러의 조선 산업 분야에서 생산 분업 구도를 형성할 수도 있다. 이를 통해 남한은 어려움을 겪고 있는 중소 조선사의 경쟁력 제고와 관련 부품 기업들의 진출을 도모하며, 북한의 청진 및 나선은 생산 기지로서 낙후된 조선 산업의 수준 향상과 조선업과 연관된 다양한 전후방 산업(강재산업, 전기전자기기, 항해 통신기기 등)의 발전을 도모할 수 있다. 러시아의 경우 조선 산업이 군용선에 치우쳐 있고 관련 부품의 해외 의존도가 높다는 점에서 민간 선박 생산 및 관련 부품의 산업협력에 적극적으로 참여할 가능성이 높다.

수산가공식품업도 남북러 간 산업협력 가능성이 매우 높은 분야

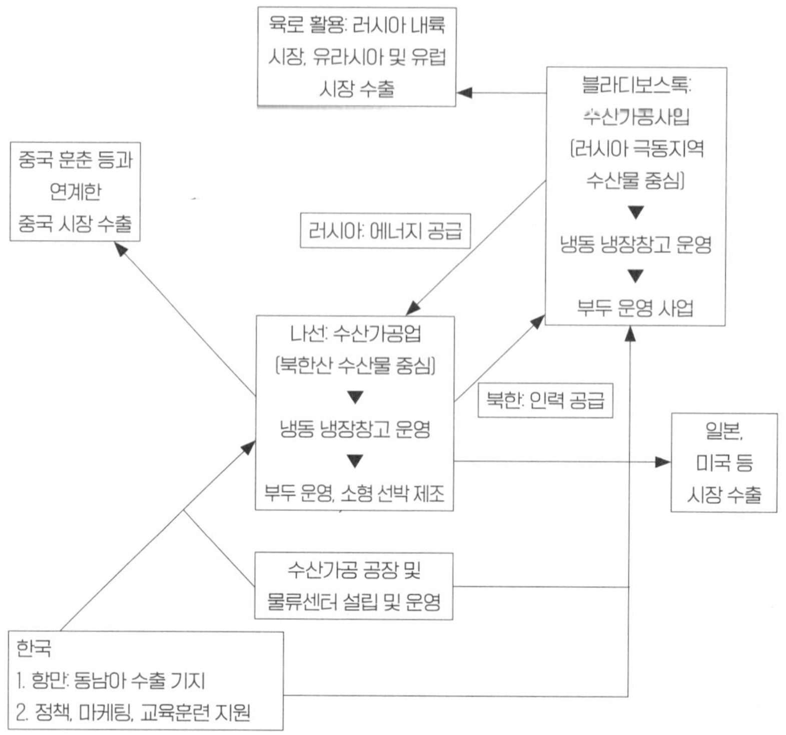

북한의 나진선봉을 중심으로 하는 수산가공업 분야에서 남북러 산업협력 연계 방안의 모형이다.
* 출처: 한홍열, 윤성욱 외(2019)

이다. 국내뿐만 아니라 전 세계적으로 웰빙 식품에 대한 선호로 수산식품 수요가 지속적으로 증가하는 추세이나, 국내 수산가공식품 산업은 일부 기업을 제외하고 대부분 영세한 업체를 중심으로 이루어지고 있다. 특히 국내 기업들은 단가가 낮은 가공원료를 중국에 수출하고 중국이 오히려 고부가가치의 가공수산식품을 수출하는 구조이다. 러시아는 극동지역에 풍부한 수산 자원을 가공하여 수출할 수 있는 수산가공품 단지 조성에 높은 관심을 가지고 있으며, 수산가공업 및 양식 등의 분야에 우리 기업의 투자를 지속적으로 요청해 오고 있다.[10]

그러나 노동집약적 산업으로 분류되는 수산가공업은 극동지역의 노동력 부족과 높은 인건비 등을 고려할 때 러시아 단독 운영이 어려운 실정이다. 이러한 국가별 장단점 등을 고려할 때 수산가공업 분야의 남북러 협력은 다음과 같이 전개될 수 있다. 북한의 나진선봉 지역에 남북 산업협력 차원의 수산가공 단지를 조성함으로써 북한 및 러시아 수산물을 가공 및 수출할 수 있고, 특히 북한 노동력의 활용 등을 통한 식품 가공업 분야의 산업화를 추진할 수 있다. 이를 통해 한국도 국내 수산가공 산업의 영세함과 중국과의 수출 구조를 극복하여 수산물가공업을 고부가가치 산업으로 전환시킬 수 있다. 향후 지정학적 이점을 활용하여 한반도 시장을 비롯하여 러시아를 통한 유라시아 및 유럽으로의 수출과 항만을 이용한 일본 및 미국 등으로의 수출로 시장을 확대할 수 있다.

06

평화와
번영을 위한 공존

　장 모네를 비롯하여 수많은 유럽 통합의 선구자라 불리는 이들도 모두 어느 한 국가의 국민이다. 유럽 통합의 선구자들은 국적을 초월하여 존경을 받고 있다. 우리가 이들을 존경하는 이유는 유럽 대륙에 평화와 번영을 위한 유럽 통합을 위해 노력했기 때문만은 아닐 것이다. 이들도 분명 조국의 운명과 이익을 최우선으로 삼고 이를 위해 노력했을 것이다.

　그럼에도 이들이 존경받는 이유는 평화와 번영이라는 공동의 목표를 위해 때로는 자신과 조국의 불이익도 감수하고 때로는 조국의 이익을 확보하기 위해 끊임없이 대화와 협상을 통해 공동의 이익을 추구할 수 있는 방향을 찾았기 때문일 것이다. 그리고 이러한 대화와 협상을 통한 합의가 유럽 통합 과정에서 수많은 위기를 극복할 수 있는 원동력이 되었다. 수많은 위기와 급변하는 대내외적 환경 속에서 통합은 더욱 힘을 발휘했고, 유럽은 결속을 더욱 강화했다.

더욱 놀라운 것은 유럽 국가들이 보여준 공존의 미덕이었다. 철천지원수와도 같았던 독일을 유럽석탄철강공동체에 받아들이면서 다른 국가들과 동등한 회원국의 지위를 부여했다. 그것이 결국 평화를 지속할 수 있는 길임을 알았고 서로의 공존을 택하게 된 것이다. 소련 붕괴 이후 감정의 골이 깊었던 동유럽 국가들에 대해서도 체제 전환을 도우면서 회원국으로 모두 받아들였다. '폴란드의 배관공 Polish Plumber' 논란처럼 동유럽 노동자들이 서유럽으로 몰려와 일자리를 빼앗아갈 수도 있다는 우려가 기존 서유럽 회원국 내에서 팽배했지만, 유럽 국가들은 평화와 번영을 위해서 공존이 필요하다는 정치적 결단을 내렸다.

앞서 유럽 경제통합이 결코 남북 경제통합의 모델이 될 수 없다고 수차례 강조했다. 그러나 우리가 남북 경제통합을 하려는 목적은 유럽 경제통합과 별반 다르지 않다. 남북이 공동의 목적을 가지고 있다면 이제 남은 것은 어떻게 남북이 서로 공존하는가이다. 지금까지 진행되어 온 남북 경제협력을 두고 '퍼주기' 논란은 계속되고 있다. 우리가 이 책에서 남북 경제통합은 남과 북 모두에게 이익이 되는 방향으로 진행되어야 한다고 주장했는데도 남북 경제통합이 추진되면 또 다시 퍼주기 논란과 같은 반대 여론이 나올 수 있다. 물론 이러한 점을 염두에 두고 다양한 정책 방안이 마련되어야 함을 강조하였으나, 그보다 중요한 것은 '남북이 왜 공존해야 하는가?'에 대한 답을 구해야 한다는 점이다. 사실 그 답은 너무 쉽다. 한반도의 평화 정착과 번영을 위해서이다. 그래서 남북 경제통합이 필요하다.

주

1 외교부, "외교관계 수립현황" https://www.mofa.go.kr/www/wpge/m_4181/contents.do.

2 강원택, 조홍식(2015),《하나의 유럽》서울: 푸른길, p.52.

3 이분법적 경제통합은 양극으로 대립된 경제체제(예: 중앙 계획경제와 시장경제 체제)가 어느 한 체제로 통합되는 흡수통합을 의미하며, 구조론적 경제통합은 어떠한 경제체제도 양립이 가능하며 다양한 경제체제가 혼합되어 있는 형태를 의미한다. 안예홍, 문성민(2007), '통일이후 남북한 경제통합방식에 대한 연구'《금융경제연구》제291호, 한국은행.

4 한홍열, 윤성욱 외(2015)《한-유라시아 주요국 산업협력을 위한 전략적 제휴방안 연구》세종: 대외경제정책연구원.

5 무역투자개발협정은 한홍열, 윤성욱 외(2015)의《한-유라시아 주요국 산업협력을 위한 전략적 제휴방안 연구》에서 제시된 방안으로, 이를 한반도 상황에 맞게 재해석한 것이다.

6 이재승 외, '지역협력의 조건: 초기 유럽 통합의 재고찰과 동북아시아에의 함의'《지역연구시리즈》15-01. 세종: 대외경제정책연구원.

7 한국경제(2021.08.18.), "평화뉴딜 내세운 이인영, 남북 경제통합, 1% 추가 성장 효과"

8 최창호 외(2015),《북·중 분업체계 분석과 대북 경제협력에 대한 시사점》세종: 대외경제정책연구원.

9 남북러 산업협력 방안으로 제시된 항만 연계 클러스터, 조선업 및 수산가공업 사례는 저자가 참여한 2019년도 연구 프로젝트 "남북러 지역개발정책과 산업정책 연계 방안"의 내용을 요약한 것이다. 보다 자세한 내용은 한홍열, 윤성욱 외(2019),《남북러 지역개발정책과 산업정책 연계방안》세종: 대외경제정책연구원 참조.

10 김학기, 김석환(2014), '남-북-러 삼각 경제협력 방안 연구: 북한과 러시아의 경제협력과 러시아 극동개발 전략 관점에서', 산업연구원 정책자료 2014-230.